Peter Kreinberg

HANDBUCH
FÜR DAS
WESTERNREITEN
1

EDITION WESTERNREITEN
SIEGMUND VERLAG

IMPRESSUM

Autor: Peter Kreinberg
Titel: Handbuch für das Westernreiten
Untertitel: Western Horsemanship -
Harmonie zwischen Pferd und Reiter -
Prinzipien, Techniken, Methoden
Reihe: Edition Westernreiten

Lektorat: Margret Siegmund
Art Direction: W. Christian Siegmund

Aktuelle Fotos: Edith Schreiber-Kreinberg
Historische Fotos: Quellenhinweise unter den Fotos

Verlag:
Wilhelm Christian Siegmund,
Kutschers Weg 5, D-2151 Moisburg,
Telefon: 04165/6609

Satz: Satzzentrum Oldenburg GmbH, Oldenburg
Schrift: Rockwell
Papier: Ikonofix matt, 135 g/qm, ZANDERS AG
Druck: Quickborner Offsetdruck
Lithos: Litho Niemann, Oldenburg

ISBN 3-923251-09-2

Inhalt

Einleitung

In den vergangenen Jahren wurde ich während meiner Kurse und Seminare oder anläßlich von Turnieren und Reitvorführungen immer wieder mit Fragen zur ,,Westernreiterei'' konfrontiert. Dabei wurde von den Fragestellern häufig ein Bezug zur deutschen ,,Dressurreiterei'' hergestellt.
Es bedurfte umfassender Erklärungen, bis ich verständlich machen konnte, daß auf der Basis solcher, vergleichender Betrachtungen keine plausiblen Erklärungen zu speziellen Aspekten des ,,Westernreitens'' möglich seien.
Mir wurde immer deutlicher bewußt, daß es dem deutschen Reiter einerseits an fundamentalem Hintergrundwissen in bezug auf Hirtenreitweisen und hier auf das ,,Westernreiten'' speziell fehlt und daß er andererseits recht einseitig in einer eng begrenzten Vorstellungswelt, geprägt durch ,,deutsches Reiten,'' lebt. Zur Verwirrung trägt dann noch bei, daß dieses ,,deutsche'' Reiten häufig im Gespräch mit einem ,,Westernreiter'' ,,Englischreiten'' genannt wird.
Aus dem Gedanken, etwas mehr Verständnis für das sogenannte ,,Westernreiten'' zu schaffen, begann ich mit der Arbeit an diesem Buch.
Möchte ein deutscher Reiter das ,,Westernreiten'' besser verstehen lernen, so ist meiner Ansicht nach eine wichtige Einsicht Voraussetzung: Schul- oder dressurmäßige Ausbildung eines Pferdes verfolgt ein ganz anderes Ziel als die Ausbildung eines Gebrauchspferdes.
In aller Kürze kann man den Unterschied etwa so formulieren: Die schulmäßige Pferdeausbildung zielt darauf ab, daß sich das Pferd in der ,,künstlichen'' Geborgenheit von Dressurplatz- oder -halle vollständig entspannt, sich mit jeder einzelnen Körperfaser dem Reiter fügt und von ihm in den einzelnen Bewegungsmomenten ständig formen läßt. Ziel der Ausbildung ist eine ästhetisch-künstlerische Vorführung auf der Basis völliger Harmonie und Zwanglosigkeit zwischen Pferd und Reiter.
Zu diesem Zweck muß das Pferd sich gänzlich auf den Reiter konzentrieren.
Die Gebrauchspferdeausbildung im Bereich der kriegerischen Nutzung oder der Herdenbetreuung hatte dagegen als wichtigstes Ziel die sichere und funktionale Verwendbarkeit und Einsatzfähigkeit des Pferdes in praktischen Aufgabenbereichen.
Kriterien wie Harmonie, Zwanglosigkeit oder Eleganz waren nicht

unbedingt notwendig. Je nach Mentalität und Umweltbedingungen der jeweiligen Hirten- oder Reitervölker waren sie mehr oder auch weniger Bestandteil der Arbeit mit den Pferden. Diese mußten ihre Aufmerksamkeit häufig der praktischen Arbeit oder Aufgabe widmen, sich dabei aber ständig in der Kontrolle des Reiters befinden. Betrachtet man die historische Entwicklung, so kann man sagen, daß alle Formen abendländischen Reitens in der Reiterei der islamischen Erobererheere ihren Ursprung haben.

Diese maurischen Reiter, welche dem Geheiß des Propheten Mohammed folgend, im siebten Jahrhundert ihren Siegeszug antraten, drangen über Gibraltar bis auf die Iberische Halbinsel und Südfrankreich vor. Erst hier wurden die „heiligen Krieger" von Karl Martell im Jahre 732 bei Poitiers aufgehalten und am weiteren Vordringen auf den europäischen Kontinent gehindert.

In Spanien herrschten die islamischen Kalifen für etwa 800 Jahre und prägten diesen Teil Europas. Kultur, Architektur und Künste, aber auch orientalische Pferde und die maurische Reitweise etablierten sich in Spanien. Im 16. und 17. Jahrhundert wurde das übrige Europa im Bereich der Pferdezucht sowie der Reiterei von Spanien stark beeinflußt.

In der Barockzeit entwickelte sich aus diesen spanischen Ursprüngen die Reiterei zum künstlerischen, ästhetischen Selbstzweck. Im höfischen Zeremoniell wurde sie Liebhaberei der Feudalherren, von einigen wenigen begnadeten Reitmeistern bis zur Reitkunst perfektioniert.

Absolute zwanglose Harmonie zwischen Reiter und Pferd zur Erbauung der Betrachter, losgelöst von allen Sachzwängen, war die Zielsetzung. Die „Spanische Hofreitschule" in Wien ist die letzte Stätte solcher Form des Reitens.

Parallel aber zu dieser Entwickung blieb die Gebrauchs- oder Hirtenreiterei in Spanien erhalten. Von dort prägte sie die Gardianreitweise Südfrankreichs, die Hirtenreitweise der Gauchos in Süd- und Mittelamerika sowie der Vaqueros an der Westküste Nordamerikas.

Bis zum heutigen Tage ist das Ziel der Pferdeausbildung im Bereich der Hirtenreitweisen ein gehorsames, funktionales und unkompliziertes, also leichtrittiges Pferd.

Es muß auch bei extremer psychischer oder physischer Belastung absolut gehorsam und willig an den Hilfen, also „rittig" sein. Dabei soll es seine Aufmerksamkeit durchaus seiner Umgebung widmen, z. B. dem Gelände, in dem es sich bewegt oder einem Rind, das zu kontrollieren ist.

Die instinktiven Verhaltensweisen (z. B. Fluchtinstinkt) des Pferdes werden (durch eine entsprechende Ausbildung) soweit kontrollierbar gemacht, daß eine Beeinträchtigung der Funktionalität und Kontrolle im Arbeitsbereich ausgeschlossen werden kann.
Die grundsätzlichen Methoden dieser Ausbildung sind von Generation zu Generation mündlich, selten schriftlich überliefert worden. Sie gehen in ihren Ursprüngen auf die Reiterei der Nomaden Nordafrikas und Arabiens zurück.
Vor den sich wandelnden Anforderungen in den verschiedenen Bereichen, Regionen oder zeitlichen Perioden kam es zu Modifikationen des Reitstils, der Ausrüstung sowie des Pferdetyps. Zweckorientiertes Denken und Handeln formte die Methoden der jeweiligen Ausbildung.
Gebrauchsreiterei ist in Mitteleuropa, mit Ausnahme des isolierten Gebietes der Camargue und Spaniens, nur im militärischen Bereich praktiziert worden.
Die Kriegsreiterei der letzten Jahrhunderte in Europa war aber nicht mehr auf den Kampf Mann gegen Mann ausgerichtet; das Reiten von Attacken in geschlossenen Einheiten rückte in den Vordergrund. Somit entfernte sich die „moderne" militärische Reiterei in grundsätzlichen Strukturen von der ursprünglichen Hirten- und Kriegsreiterei. Außer dieser „modernen" militärischen Form des Reitens aber war in Mitteleuropa das Reiten immer den „gehobenen Klassen" vorbehalten, also ein Privileg.
Unsere deutsche Interpretation des Reitens ist durch diesen historischen Hintergrund natürlich stark geprägt worden. Wirkliches Verständnis für die Hirtenreitweisen, in diesem Fall das „Westernreiten", kann man nicht erwarten, da eine solche Form des Reitens in unseren Breiten niemals praktiziert wurde. Um diese Informationslücke ein wenig zu füllen, entstand dieses Buch.
Es ist von mir nicht als eine Reitlehre gedacht; soll auf keinen Fall eine „Do it yourself"-Anleitung für „Hobbytrainer" sein. Das Erlernen des Reitens, gleich welcher Art, bedarf immer der praktischen Übung, möglichst unter Anleitung eines qualifizierten Lehrers.
Die korrekte, pferdegerechte Ausbildung eines Westernpferdes erfordert Voraussetzungen und Fähigkeiten, welche ein „Freizeitreiter" in den seltensten Fällen erbringen kann.
Ein großer Hut macht noch keinen Westernreiter und „Cowboysattel" und „Stangenzäumung" noch kein Westernpferd.
Wichtigere Kriterien scheinen mir artgerechte Pferdeliebe, Einfühlungsvermögen, Geduld, Sachkenntnis, Konsequenz und Fähigkeit

zur Selbstkritik, mit einem (englischen) Wort „Horsemanship“ zu sein.

In diesem Sinne wünsche ich mir, daß dieses Buch helfen möge, eine Brücke des Verständnisses zu bauen für eine Reitweise, die viele in ihren Bann zieht, aber unserem deutschen Reit- und Pferdeverständnis noch so fremd ist.

Wie kommt man zum Westernreiten und dabei zu einem Autoren?

Da ist man ein paar Jahre lang ein einsamer ,,Otto-Normal-Reiter'', und das auch noch auf einem Pony, das gewisse Eigenwilligkeiten hat, die man ihm gerne abgewöhnen möchte. - Aber wie?
Oder man hat ein neues, unverdorbenes Pferd, das gar nicht erst ,,Macken'' entwickeln soll. So ganz alleine geht das nicht, dazu hat man vielleicht zu wenig Erfahrung oder nicht den nötigen Durchblick, wie es heute so schön heißt.
Dann sagt einem jemand: Geh doch mal zu einem Westernturnier, schau dir mal an, was da stattfindet, wie die Leute mit ihren Pferden umgehen, wie das Lenken ganz leicht aus einer Hand klappt, bei lokkerem Zügel.
Und dann sieht man, wie da einer, zwei oder drei Reiter mit einer völlig unbekannten Zäumung mit einer Hand ihr Pferd steuern, mit Leichtigkeit und Grazie, die man so bisher nie gesehen hat. Da sieht man auch keine ,,Schenkelhilfen'', keine Gerte.
Das imponiert, das begeistert.
Wie kann man das lernen? - Gibt es da Kurse, Seminare, Unterricht? Einer der Turnierreiter fällt besonders auf, durch hervorragende Darstellung und Leistung auf einem ebensolchen Pferd.
Wer ist das? Wie heißt der Mann? Kann man da Unterricht nehmen? Der Mann heißt Peter Kreinberg, von Insidern ,,Pit'' genannt. Er ist der Autor dieses Buches. Mit der gleichen unmißverständlichen Aussagekraft dieses Buches gibt er die Methodik und die Denkweise der Western Horsemanship in seinen Kursen für Freizeitreiter, die das Westernreiten erlernen oder ihre Pferde auf diese Reitweise umstellen möchten, weiter. Das geschieht in Wochenendkursen mit den eigenen Pferden der Teilnehmer.
Doch diese Kurse allein genügen nicht. - Das waren die Idee und der Impuls, alles das, was praktisch demonstriert, gelehrt, vermittelt, geübt wird, durch Festhalten in Schrift und Bild zu einem Nachschlagewerk zusammenzufassen, um damit auch Reiter, die bisher nur ,,am Rande'' mal was vom Westernreiten gehört haben, in den Kreis derer einzureihen, die ein ,,Verlaßpferd'' möchten, das nicht bei jeder unbekannten Situation ein gefährliches Pferd ist, und für alle diejenigen, die sich das Westernreiten aufs Panier geschrieben haben.

Margret Siegmund

Old-time Texas Cowboy
Quelle: They saddled the West (Cornell Maritime Press)

Historischer Hintergrund und Entwicklung

Dieses Buch soll zum besseren Verständnis für eine Reitweise beitragen, die bei uns als „Westernreiten" bekannt wurde. - Hierzu ist es notwendig, mit unseren Betrachtungen einige Jahrhunderte in die Vergangenheit zurückzugehen, bis zu jener Zeit der Eroberung des amerikanischen Kontinents durch die Spanier.

Etwa 300 Jahre lang war das Territorium nördlich des heutigen Mexico, der heutige Südwesten der Vereinigten Staaten von Amerika, Teil des riesigen spanischen Weltreiches. Die ersten Spanier in dieser Region kamen auf dem Landwege über Mexico auf der Suche nach Gold und Silber dorthin. Diese Spanier waren Eroberer, die in kriegerischer Absicht kamen.

Dazu führten sie alles mit sich, was zu ihren Eroberungszügen notwendig war. - So die Kriegsausrüstung, Pferde und lebendes Vieh als Marschverpflegung.

Nachdem diese Beutezüge den erhofften Reichtum an Gold und Silber nicht erbrachten, zogen sich die Eroberer zurück. Es blieben in dieser Region aber spanische Missionare zurück, welche die Eroberungszüge begleitet hatten. Sie bauten Missionsstationen, um die Ureinwohner zum katholischen Glauben zu bekehren. Hieraus entwikkelten sich die ersten Zentren spanischer Bewirtschaftung des Südwestens der heutigen USA mit Ackerbau und Viehzucht. Da das spanische Herrscherhaus die Teilnehmer an den Eroberungszügen in den folgenden Jahrzehnten mit Ländereischenkungen im Bereich der eroberten Gebiete belohnte, entwickelten sich im Umfeld der Missionen weitere Siedlungen. Diese spanischen Siedler brachten ihre Kultur, ihre Sitten und Gesetze, ihre Kunst und Architektur wie einen Prägestempel mit.

Als erste spanische Siedlungen im Südwesten wurden 1610 „Santa Fe" und 1706 „Albuquerque" etabliert. 1718 wurden „San Antonio" und im Jahre 1769 „San Diego" und schließlich „Tucson" 1776 im heutigen Arizona gegründet.

Auf diese Weise wurden ab etwa 1520 auch die ersten Tierarten in größeren Mengen in den fremden Kontinent gebracht, um die Ländereien der Eroberer bewirtschaften zu können.

Es handelte sich hierbei im wesentlichen um Rinder, Pferde und Schafe. Diese Tiere konnten sich in der neuen Umgebung, die etwa

Berittene Franziskaner-Mönche Anfang 1900

Quelle: Der Spanische Westen (Time-Life International)

klimatisch und landschaftlich dem Ursprungsland Spanien entsprach, in der erwünschten Form vermehren.
Jahrhunderte später bildeten diese verwilderten Abkömmlinge von spanischen Rindern den Kern der riesigen Texasherden.
Historisch gesehen war das wichtigste der drei importierten Tierarten wohl das Pferd, denn nur die Pferde ermöglichten es, die großen, weiten Flächen des amerikanischen Westens zu besiedeln und die scheinbar endlosen Distanzen zu überwinden und zu durchmessen. Mit diesen Pferden wurde dementsprechend der spanische Reitstil in den eroberten Gebieten weiter gepflegt und weiter vermittelt. Er war in den folgenden Jahrhunderten prägend für die Arbeit an den Rindern.
Die wesentlichste Prägung durch das „spanische" Reiten erfuhr das Westernreiten sicherlich im Bereich des heutigen Kalifornien.
Etwa 150-200 Jahre lebten diese spanischen Kalifornier in relativer Abgeschiedenheit vom übrigen Weltgeschehen, aus unserer heutigen Sicht wahrscheinlich ein beinahe paradiesischer Zustand. Das mitgebrachte Saatgut und die Baum- und Pflanzensetzlinge konnten sich aufgrund der günstigen klimatischen Verhältnisse hervorragend entwickeln und vermehren. Das Vieh gedieh ohne besondere Pflege.
Die Tiere hielt man nur zum Eigenbedarf für die Fleischversorgung oder zur Gewinnung von Häuten und Talg als Handelsware.
Die Herden konnten frei herumstreifen, wurden jedoch von den „Vaqueros", den spanischen Rinderhirten, beaufsichtigt und im Bedarfsfall zusammengetrieben. Die Kälber wurden mit Brandzeichen versehen, Stierkälber kastriert und kranke Tiere ausgesondert. Schlachtreife Rinder wurden gesammelt für ihren späteren Verwendungszweck.
Die Pferde, die von den Spaniern ins Land gebracht worden waren, wuchsen in Freiheit auf und vermehrten sich ebenfalls so uneingeschränkt wie die Rinder. Aus diesem Ursprung entwickelten sich die Mustangherden.
Nur die besten Tiere wurden aus den Herden ausgesondert und zugeritten. - Der Spanier war stolzer Caballero-Reiter, und so wurde es auch der Kalifornier. -
Das Land und das Leben machten es notwendig, „beritten" zu sein. Darum waren die „Kalifornios", ob Männer, Frauen oder Kinder, selten ohne ihr Lieblingspferd zu sehen und gingen kaum jemals zu Fuß. Sie pflegten ihre alten Traditionen und führten somit auch die alte Reitkultur durch die Rancheros und Vaqueros weiter.

Diese kalifornischen Reiter stellten ihre Reitkunst gerne unter Beweis und ihre Geschicklichkeit in Reiterspielen zur Schau. Eine Münze, in vollem Galopp vom Boden aufzuheben, oder einen vorher im Sand vergrabenen Hahn, den der Reiter, seitlich am Pferd hängend, am Hals zu packen und aus dem Sand zu ziehen hatte - alles in vollem Galopp -, gehörten zu solchen Reiter-Geschicklichkeitsbeweisen. Letzteres war ein besonders schwieriges Kunststück, denn der lebende Hahn versuchte jeweils, der Reiterhand auszuweichen.
Der Stierkampf wurde von den Kalifornios ebenfalls gepflegt, wenn auch anders, als man ihn aus Spanien und Mexiko kannte. Das Ziel des Kampfes bestand darin, den Stier bis zur Erschöpfung zu ermüden, ihn aber nicht zu töten. Der Reiter mußte hier seine gesamte Geschicklichkeit unter Beweis stellen und tat das gern, um den hübschen Señoritas als Held zu imponieren.
Es entwickelte sich im heutigen Kalifornien aus den spanischen Ursprüngen eine eigenständige Reitkultur, von den Rinderhirten über Jahrhunderte weitergegeben. - Aus den ursprünglichen spanischen Sätteln und Gebissen entstanden die kalifornischen Vaquereo-Sättel und -Zäumungen, bedingt durch die den Anforderungen entsprechenden Veränderungen.
Das Zureiten junger Pferde mit gebißlosen Zäumungen, auch aus Spanien bekannt, entwickelte sich zu einer eigenständigen Kunst in Kalifornien, zur Kunst der Hackamore-Reiterei.
Die von den Kalifornios bevorzugten Zäumungen waren die *High-port-Bits,* wie sie heute als kalifornische Gebisse bekannt sind. Gebisse also, die insbesondere durch ihre Gaumen-Signalwirkung und nicht so sehr durch die Hebelwirkung über Kinnriemen oder Kinnkette auf das Pferdemaul einwirken.
Die eigenständige Hirtenreitkultur der Kalifornios setzte sich bis um 1930 fort, bis zur großen Rezession, die den Zusammenbruch der Rinderimperien an der kalifornischen Westküste zur Folge hatte.
Danach wurden Grundelemente der Vaquero-Reiterei in die neue Entwicklung des Western-Freizeitreitens und des Western-Sportreitens übernommen.
Unabhängig von dieser Entwicklung im kalifornischen Bereich fand auch innerhalb des Gebietes des heutigen Texas die spanische Besiedlung statt.
Sie war allerdings nicht in dem Maße von der mittelamerikanischen Spanienpolitik und den Einflüssen des Ursprungslandes abgetrennt, wie das für den Bereich Kalifornien zutrifft.
Die texanischen Siedlungsgebiete stellten eher einen nördlichen

Mexikanischer Vaquero fängt einen Mustang

Quelle: Der Spanische Westen (Time-Life International)

Ein Vaquero fängt einen Hahn aus dem Sand

Ein kalifornischer Vaquero um 1830
Quelle: Die Cowboys (Time-Life International)

Aus einem Handbuch (18. Jh.)

Quelle: Der Spanische Westen (Time-Life International)

Vorposten Mexikos dar. Auch dort blieb die Reitweise deutlich spanischer Prägung erhalten, doch es kam nicht zu einer so ausgeprägten eigenständigen Entwicklung, wie in der kalifornischen Provinz. Man kann also insgesamt festhalten, daß die frühen spanischen Besiedler des heutigen amerikanischen Südwestens den Grundstein für das heutige Western-Reiten legten.

Neue Tendenzen, Veränderungen und Strömungen ergaben sich erst, als die vom Osten der Vereinigten Staaten vordringenden weißen Siedler, deren Herkunftsländer meist Mittel- und Nordeuropa waren, auf die frühen spanischen Siedler trafen.

In der ersten Hälfte des 19. Jahrhunderts wurden die ehemals spanischen Kolonien und späteren mexikanischen Provinzen von den vordringenden Nordamerikanern erobert. Diese Gebiete sind die heutigen Staaten Texas, New Mexico, Arizona und Kalifornien. Die spanischen Rancheros und Landbesitzer hat man enteignet und nach Mexiko verdrängt. Die Nordamerikaner vereinnahmten Ländereien und Viehherden. - Dieser Vorgang spielte sich in Kalifornien in etwas gemilderter Form ab, denn dort richtete sich das Interesse der nordamerikanischen Okkupanten und Eindringlinge mehr auf die Goldgewinnung. In die Geschichte ging diese Phase als die Zeit des „Goldrauschs" ein.

Zu diesem Zeitpunkt begann man intensiv mit der Fleischrinderzucht. Die in den Westen vorgedrungenen Menschen errichteten Städte und Siedlungen. Sie benötigten in großem Umfang Nahrungsmittel. Auch die in Reservate verdrängten Indianer mußten von der Regierung mit Nahrungsmitteln, vornehmlich mit Rindfleisch, versorgt werden. Im Osten der Vereinigten Staaten dehnten sich die Städte zu immer größeren Zentren aus, und der Bedarf an Fleisch stieg entsprechend der ständig zunehmenden Bevölkerungszahl auch hier.

Das bedingte zwangsläufig die Umstrukturierung der Rinderhaltung, die ja, wie schon erwähnt, ursprünglich zum großen Teil auch der Häute- und Talggewinnung diente. Nun hatte die Fleischgewinnung Vorrang und führte zur gezielten Fleischrinderzucht. Dieses, wie schon gesagt, geschah etwa um die Mitte des 19. Jahrhunderts. Insbesondere nach dem Bürgerkrieg wurden die verwilderten texanischen Rinderherden, die von den spanischen Flüchtlingen zurückgelassen worden waren, zu einer umfangreichen Nahrungsmittelreserve. - Die inzwischen errichteten Eisenbahnlinien, die in dieser Zeit auch den „Westen und Südwesten" erreichten und weiter vordrangen, ermöglichten den Transport der Rinder in den Osten. -

Quelle: H. Forbis, Die Cowboys (Time-Life International)

- Die großen Viehtriebe oder „Trails" prägten für etwa 30 Jahre das Geschehen der Rinderwirtschaft im amerikanischen Westen und dadurch auch die Frühgeschichte des heutigen Western-Reitens. -

Während sich in Kalifornien die Traditionen, Reit- und Hütetechniken fast uneingeschränkt und unbeeinflußt fortsetzten, etwa bis ins 20. Jahrhundert, ergab sich zur Zeit der Viehtrails im Bereich des heutigen Texas und der umliegenden Gebiete im Südwesten der Vereinigten Staaten ein Aufeinandertreffen und Vermischen spanisch-mexikanischer Reitweise mit mitteleuropäischen, speziell englischen Einflüssen. Diese prägten den sogenannten Texas-Style.

Man kann die jeweiligen Einflüsse geografisch etwa so skizzieren: Die Staaten an der Westküste, insbesondere Kalifornien, Oregon und Nevada sind bis heute deutlich vom kalifornischen Reitstil geprägt worden. Die Staaten Arizona, New Mexiko, Texas, Colorado, Kansas, Nebraska und Oklahoma, also jene zwischen den Rocky Mountains und der Nord-Süd-Linie des 98. Längengrades liegenden Gebiete, übernahmen überwiegend den texanischen Stil der Herdenbetreuung und Reitweise.

Eine Vermischung dieser beiden Grund-Reitstile und Herdentechniken findet man in den fünf Staaten Washington, Montana, Idaho, Wyoming und Utah vor.

Die Unterschiede ergeben sich durch andersartige Arbeitstechnik zu Pferde und durch die Ausrüstungsgegenstände, die diesen Techniken sinnvoll und den Anforderungen entsprechend angepaßt werden.

Beginnen wir mit dem „California-Style“

Hierzu ist zu sagen, daß die kalifornischen Vaqueros in der Regel auf großen, freien Flächen arbeiten konnten und mußten. Sie benötigten für diese Arbeit ein langes Fangseil, die „Reata“, die aus Rohhaut geflochten war. Dieses Seil war im allgemeinen 20 Meter lang oder auch länger. Hatte der Vaquero ein Rind durch den Wurf der Reata eingefangen, und zwar mit der Schlinge, die die Hörner umfaßte, so mußte das Seil mit etlichen Windungen um das Sattelhorn gesichert werden. Es konnte dann, wenn die Situation es erforderte, langsam wieder gelockert werden, um einen abrupten Zug am Sattel zu verhindern und das Rind auf diese Weise zu bändigen und zu „bremsen“.
Man sagt den Vaqueros nach, daß sie mit ihrer Reata wie ein Angler umgingen, der mit seiner Angelschnur den Fisch fing, ihm wieder Leine gab, ihn wieder heranholte, bis er ermüdet war, um ihn dann endgültig „aus dem Wasser zu ziehen.“

Quelle: Cowboys (Falken-Verlag)

Quelle: Cowboys (Falken-Verlag)

Quelle: Cowboys (Falken-Verlag)

Sinnbildlich war also das Einfangen der Rinder im Prinzip ähnlich. - Für diese Art der Wurfseiltechnik benötigte man ein wendiges, gehorsames und unmittelbar lenkbares Pferd. -

Da die spontanten Ruckwirkungen bei dieser Fangtechnik relativ gering waren, hatte der kalifornische Sattel in der Regel einen Gurt, der, den Arbeitsanforderungen entsprechend, zur Mitte des Sattels angebracht war, um den Druck gleichmäßig auf den Sattel zu verteilen.

Die kalifornischen Vaqueros ritten meist mit lockerem Bauchgurt. Wenn allerdings ein Rind einzufangen war, fixierten sie ihn zuvor.

Aufgrund der gewachsenen spanischen Traditionen und der speziellen kalifornischen Gegebenheiten arbeiteten die Vaqueros ruhig und bedächtig. Es kam ihnen, was immer sie auch taten, nicht nur darauf an, daß diese Arbeit getan wurde, sondern daß sie mit Sorgfalt, Grazie und ohne Hektik ausgeführt wurde.

So wurden sie „Künstler" innerhalb ihres Arbeitsbereiches. Ihre Pferde waren erstaunlich geschicklich und sensibel. - Der Vaquero nahm sich für die Ausbildung eines solchen Arbeitspferdes viel Zeit, um die Sensibilität für die reiterlichen Hilfen aufzubauen und zu erhalten. Durchschnittlich dauerte diese Zeit der Ausbildung etwa zwei bis drei Jahre. Die Arbeit mit dem Pferd begann selten vor dem vierten oder fünften Lebensjahr des Tieres. -

Die Vorfahren der Vaqueros hatten in Spanien Stierkampf- und Kriegspferde ausgebildet, zu deren Bewegungsabläufen Pirouetten, Levaden und Kapriolen gehörten. Der kalifornische Vaquero hatte von dieser Reittechnik alle Bewegungsmanöver abgeleitet und übernommen, die er für die Herdenarbeit benötigte. Die alten spanischen Ausbildungsprinzipien des Pferdes bildeten also die Basis.
Die wichtigste Anforderung, die sein Pferd zu erfüllen hatte, war das Angaloppieren in schnellstem Tempo, um dann blitzartig wieder zum Halten zu kommen sowie rasante Wendungen auszuführen. Diese Bewegungsabläufe waren für die Kontrolle der Rinder ständig notwendig.
Zu den Ausbildungsprinzipien der alten Spanier kamen allerdings neue Einflüsse hinzu. Dieses waren die durch die indianischen Vaqueros entstandenen und weitervermittelten Methoden.

Die indianischen Elemente der Vaquero-Reiterei

Während die spanisch geprägte Ausbildung von Pferden durchaus Gewaltmaßnahmen zur „Dressur" beinhaltete, war es kennzeichnend und der Mentalität der Indianer entsprechend, auf solche Einwirkungen im Umgang mit den Pferden zu verzichten.
Sie gingen bei der Ausbildung der Pferde ruhig und behutsam vor, mit Einfühlungsvermögen und Geduld.
Die Überschneidung und spätere Vermischung von spanischen Reittechniken und des Reitstils, der durch die indianische Mentalität in der Pferdeausbildung entstand, führte zu heute noch gültigen Prinzipien und eigenständigen Formen der Pferdeausbildung in Kalifornien.
Daß es sich hier um eine zweckdienliche Reitweise handelte, ist bereits gesagt worden. Daß dabei die Eleganz, die pferdegerechte Behandlung, die Anmut und Schönheit von Pferd und Reiter trotzdem eine wichtige Funktion hatten und noch haben, hinderte nicht daran, die Pferde funktionstüchtig zu erziehen. Der Reiter strebte die Schulung seines Pferdes nicht über Gewaltmaßnahmen an, sondern machte sich die Erkenntnis über die Verhaltensweisen psychologisch zunutze, um die Herrschaft und die Kontrolle über sein Pferd zu erreichen.
Der gesamte Ausbildungsprozeß, welcher sich über 2 bis 3 Jahre hinzog, hatte ein klares Ziel. Das Pferd lernte Schritt für Schritt die richtige Positionierung für die Ausführung aller gebräuchlichen Bewegungsabläufe bei der Arbeit mit den Rindern. Dies geschah in ge-

duldiger Widerholungsarbeit bis zur absoluten Perfektion in der gebißlosen Hackamore-Zäumung. Das Resultat war ein Pferd, welches sich in jeder Gangart und in schnellen Wendungen und Stops gehorsam und vertrauensvoll den Signalen des Reiters fügte.
Diese Signale waren beim fertig ausgebildeten Pferd feine Impulse, die der Vaquero bei einhändiger Zügelführung mit dem „Spade-Bit" ins Maul (speziell unter den Gaumen des Pferdes) gab.
Jeder Reitstil ist in seiner Entwicklung und Form auch durch den Pferdetyp geprägt, welcher zum Einsatz kommt.
In den kalifornischen Regionen herrschte das leichte, wendige, temperamentvolle Pferd mit orientalischem Blutanteil vor.
Die erwähnte Form der Pferdeausbildung und Reitweise zur Herdenbetreuung war also mit dem Pferdetypus ebenso fest verknüpft, wie mit den praktischen Arbeitsbelangen der Vaqueros.
Mit dem Zusammenbruch der kalifornischen Rinderimperien Ende der 20er Jahre dieses Jahrhunderts verlor die Vaquero-Reiterei mehr und mehr an Substanz.
Heute existiert sie in ihrer ursprünglichen Form nicht mehr.
Die Rancherarbeit in Kalifornien folgt zwar immer noch den alten Traditionen, doch der Einfluß des „östlichen" Ranchcowboys ist nicht mehr zu verleugnen.

Der östliche oder Texas-Style

Abseits von diesen kalifornischen Gebieten und ihrer Abgeschiedenheit etablierte sich im mexikanischen Bereich eine andere Reitweise, die allerdings ebenfalls ihren Ursprung in Spanien hatte.
Diese praktizierte Hirtenreitweise ist dann jedoch mit der Übernahme der mexikanischen Provinzen Texas und New Mexiko durch die Amerikaner wieder nach Mexiko zurückgedrängt worden. Die nachfolgenden Nordamerikaner übernahmen einige Grundsätze der Arbeitstechniken und vereinnahmten die Ausrüstung und das gebräuchliche Vokabular.
Hier fand dann jedoch ein Veränderungs- und Umwandlungsprozeß statt, der sich auf die Praxis auswirkte.
Die in den Südwesten vordringenden Nordamerikaner waren Farmer oder Bauern, aber keineswegs Rinderzüchter oder Reiter, wie sie durch den spanischen Hintergrund geprägt waren.
Diese neuen Besiedler des Südwestens konnten von den zahllosen Rinderherden profitieren, die sie in Besitz nahmen, obwohl diese nach der Vertreibung der ehemaligen Besitzer verwildert waren.

Die Rinder wurden zwar nicht in der heute üblichen Weise kontrolliert und betreut, sondern erst nach dem Bürgerkrieg begann man damit, diese Longhornrinder zusammenzutreiben, um sie aus dem besiegten Süden in den hochentwickelten Osten zu bringen.
Die Eisenbahnlinie war bis in den Staat Kansas vorgedrungen. Mit riesigen Viehherden, über hunderte von Kilometern unwegsamen Geländes getrieben, kamen die Texaner bis zu den Verladebahnhöfen in Kansas, und die kleinen Rinderstädte sind durch die Westernfilme sattsam bekannt. - Abilene, Dodge City, Wichita, Ellsworth und Tombstone mögen hier stellvertretend genannt werden. -
Die genannten großen Viehtriebe fanden etwa in der Zeit zwischen dem Ende der 60er Jahre und der Mitte der 80er Jahre des vorigen Jahrhunderts statt.

Quelle: Cowboys (Falken-Verlag)

Die bekanntest Trailroute war der sogenannten Chisholm-Trail. - In der erwähnten Zeitspanne wurden über 4 Millionen Rinder aus Texas zu den Verladebahnhöfen getrieben. Im Jahre 1871 registrierte man beispielsweise über 600 000 Rinder auf den verschiedenen Verladestationen. - Dieser epochale Abschnitt der amerkanischen Rinder-Trails hat mit Sicherheit die europäische Vorstellung vom Westernreiten hervorgerufen und die Wünsche, diesen Reitstil zu praktizieren, wachsen lassen. Die vielen, diese Zeit dokumentierenden

Quelle: Cowboys (Falken-Verlag)

und glorifizierenden Hollywood-Filme haben zu diesen Wunschvorstellungen das ihrige beigetragen. Der „Cowboy-Mythos" hat seinen Ursprung sicherlich in dieser Zeit.

Die Herdenbesitzer heuerten damals Wohnsitz- und Arbeitslose an, die nach dem Bürgerkrieg in die Südstaaten zurückkehrten. Aus dem Osten strömten ebenso heimatlos gewordene Männer in das entsprechende Gebiet ein. Darunter befanden sich Abenteurer, durch ungeklärte Rechtsfälle „Gesetzlose" und Zivilisationsflüchtlinge, die den neuen Typ der „Saisonarbeiter" darstellten, den Cowboy des vorigen Jahrhunderts.

Er wurde für etwa drei oder vier Monate eingestellt. Dieser „Cowboy" besaß meist nichts anderes, als das, was er am Körper trug, eventuell noch einen eigenen Sattel.

Die für die Trails benötigten Pferde wurden von den Rinderherdenbesitzern gestellt oder gekauft. In der Regel nahm man jedoch Pferde aus frei lebenden Mustang-Herden, die von den auf eine spezifische Fangtechnik spezialisierten „Pferdejägern" eingefangen worden waren.

Da diese Pferde innerhalb kürzester Zeit zweckdienlich eingesetzt werden sollten, bildete man sie in einem schnellen und groben Prozeß für ihren Einsatz aus. Ein Cow-Pony galt bereits als zugeritten, wenn es einen Menschen auf seinem Rücken duldete und für die Anforderungen des Viehtreibens grundsätzlich lenkbar war.

Ein Zureiter hatte in der Regel für eine Gruppe von etwa 30 Pferden einen Monat Zeit. Im Durchschnitt kam er 5- bis 7mal in diesem Zeitraum dazu, ein solches „Bronco"-Pferd zu reiten. Nach einer solchen „Ausbildung" waren diese „Broncos" immer noch halb wild. Sie bissen, schlugen, bockten oder warfen sich zu Boden.

Erst mit der Zeit und bei täglicher Arbeit wurden einige umgänglicher, während andere ihr wildes Verhalten nie ganz ablegten.

Die von den Viehtreibern benutzten Gegenstände wie Zäumung, Sattel etc., waren im wesentlichen von denen der Mexikaner abgeleitet. Allerdings waren sie mittlerweile verändert und korrigiert worden. Man verwendete beispielsweise einen Sattel, der durch zwei Gurte gehalten wurde. Einer war am vorderen Teil des Sattels befestigt, der andere am hinteren Ende.

Die texanischen Cowboys knoteten ihre Fangseile, die „Ropes" oder „Lassos", am Sattelhorn fest. Um den beim Einfangen eines Rindes entstehenden Ruck zu mildern und ein Hochkippen des hinteren Sattelteils zu verhindern, war der zweite Sattelgurt hilfreich.

Als Zäumung verwandte man in der Regel die von den Farmern des

Ostens benutzten Wassertrensen oder Kandarengebisse, wie sie von den Mexikanern zweckdienlich eingesetzt worden waren.
Bei der Lassoarbeit übernahm man die von den Mexikanern praktizierte einhändige Zügelführung. Die ,,Broncos'', welche keine umfassende Ausbildung erfahren hatten, ließen sich auf diese Weise notdürftig lenken und regulieren, und die ,,Cowboys'' hatten ihre liebe Not mit diesen Reittieren.
Für die Herdenbesitzer waren Pferd und Reiter nur Mittel zum Zweck. Mit dem geringsten wirtschaftlichen Aufwand sollten die Rinder von den Ranchgebieten zu den Verladestationen getrieben werden.
Am Bestimmungsort angekommen, wurden die Herden an die Viehkäufer veräußert. Die Viehtreiber erhielten ihren Lohn und zogen, auf der Suche nach neuen ,,Jobs'', weiter. - Die Pferde wurden ebenfalls verkauft. Hatten sie sich als gute Reitpferde erwiesen, konnte ein guter und höherer Preis erzielt werden, die anderen wurden geschlachtet.
Ein Wandel in der Viehwirtschaft bahnte sich mit dem Ende der Viehtriebe an. Die Eisenbahnlinien waren weiter nach Texas vorgedrungen, für lange Trails bestand keine Notwendigkeit mehr. Weite Bereiche des ehemaligen Ranchlandes in Texas wurden Farmland. Etliche Herdenbesitzer zogen samt ,,Hab und Gut'' in die nördlicher gelegenen Staaten, wie beispielsweise Montana, Wyoming und Dakota. Die freie Herdenhaltung und Bewirtschaftung auf riesigen, fast unbegrenzten Flächen praktizierte man weiterhin.
Aufgrund der klimatischen Verhältnise gab es in Texas nie die Notwendigkeit, Wintervorräte anzulegen. Darum dachte man auch in den ersten Jahren der Herdenwirtschaft im Norden keineswegs an das Anlegen von Wintervorräten. Die Herden wurden jeweils nur im Frühjahr oder Herbst zusammengetrieben. Im Frühjahr, um die Kälber zu kennzeichnen, und im Spätsommer, um die Tiere zu den Vermarktungsstationen zu befördern.
Am Ende des 19. Jahrhunderts gab es dann einen extrem harten Winter, dem fast alle in den nördlichen Staaten lebenden Rinder zum Opfer fielen. - Nach dieser Winterkatastrophe änderte sich die Rinderhaltung und -zucht grundlegend.
Der bisher nur als ,,Saisonarbeiter'' beschäftigte Cowboy avancierte zum ganzjährig beschäftigten Rinderhirten. Auf den riesigen Grasflächen wurden in den Sommermonaten Futterreserven für das Vieh geerntet. In den Wintermonaten konnten die Herden dann an speziellen Futterplätzen gesammelt und gefüttert werden.

Quelle: Cowboys (Falken-Verlag)

Quelle: Cowboys (Falken-Verlag)

Nicht nur die Arbeitsweise der Cowboys änderte sich in dieser Zeit und in dieser Region, sondern auch der Rindertyp und Pferdetyp war ein anderer geworden. - Aus den robusten, zähen, widerstandsfähigen und auch angriffslustigen Longhornrindern des Südwestens waren durch gezielte Züchtung ergiebigere Fleischrinderrassen entstanden, die behäbiger, träger und weniger angriffsbereit waren. -

Die ehemals halbwilden Mustang-Pferde der Texaner, häufig nicht größer als 1,40 m, wurden mit schweren Arbeitspferden wie Clydesdale oder Percheron gekreuzt, um ein größeres, kräftigeres Arbeitspferd zu bekommen. Aus diesem Pferdeschlag entwickelte sich, unter Beimischung von englischem Vollblut, 50 Jahre später die Rasse des „American Quarter Horse". -

Die Arbeitstechniken im Umgang mit den Rindern änderten sich dementsprechend. - Der bisher praktizierten Herdenwirtschaft der freien Tierhaltung wurde durch ein neues System, das eingezäunte „Ranches" zur Folge hatte, eine neue Richtung gegeben. -

Viele der alten, ursprünglichen Begriffe, Bezeichnungen und Ausrüstungsgegenstände blieben. Die Arbeitsreitweise hatte sich jedoch von der des Trailreiters und Viehtreibers grundlegend entfernt.

Der Ranchcowboy hatte nun einen vielseitigen, das ganze Jahr ausfüllenden Job. Bei seiner Tätigkeit diente ihm das Pferd vor allem als Fortbewegungsmittel.

Zu seinen Aufgaben gehörte es, Kontrollritte an den Zäunen auszuführen oder verstreute Rinder zu den Stammherden zurückzutreiben.

Er mußte kranke Tiere versorgen oder schwache Tiere zu Sammelpunkten bringen, an denen sie betreut wurden. Herden wurden von abgegrasten Futterplätzen zu neuen Weidegründen getrieben.

Im Sommer mußte er die Windmühlen, welche Grundwasser in die Bassins pumpten, instand halten und kontrollieren; im Winter waren die Wasserstellen eisfrei zu halten oder an den Heudepots die täglichen Fütterungen vorzunehmen.

Für diesen Aufgabenbereich benötigte er kein besonders ausgebildetes Pferd.

Für ihn bedeutete das Zureiten der Pferde nichts anderes, als die Gewöhnung des Pferdes an den Reiter.

Über einfache Zügelführung und -einwirkung wurde das Pferd gelenkt. Außerdem lernte es in der täglichen Praxis über die Gewöhnung, welche Verhaltensweisen von ihm verlangt wurden.

Für spezielle Aufgaben, etwa das „Roping" (das Einfangen der Rinder mit dem Fangseil - rope) oder das „Cutting" (Aussondern der Tiere aus einer Herde), setzte man allerdings besonders geeignete Pferde ein; Pferde, die in diesen Bereichen besondere Fähigkeiten und Mitarbeit gezeigt hatten. Auch diese Pferde vervollkommneten ihre Fähigkeiten durch den natürlichen Lernprozeß bei der täglichen Arbeit.

Ich möchte die zuvor geschilderte Entwicklung etwa so zusammenfassen: Der kalifornische Vaquero war aus Tradition und Überzeugung Reiter, dem die Herdenarbeit über Generationen geläufig war und der dafür seine Pferde nach einem überlieferten Ausbildungsverfahren trainierte und perfektionierte.

Der Ranchcowboy, ursprünglich Saisonarbeiter und vom Schicksal plötzlich zum Reiter gemacht, hatte die Betreuung der Rinder im Vordergrund zu sehen. Die Pferde waren Mittel zum Zweck, deren Ausbildung sich im wesentlichen auf die Gewöhnung an den Reiter und den einfachsten Gebrauch als Reittier beschränkte.

Es gab aber bei beiden eine grundsätzliche Gemeinsamkeit, bedingt durch den täglichen Umgang mit Pferden. Pferdekenner mit Wissen um deren Verhaltensweisen waren durchaus beide. Ohne diesen „Arbeitspartner Pferd" konnten sie ihre Arbeit nicht leisten, und ihr eigenes Wohlergehen hing zwangsläufig von der Einsatzfähigkeit ihrer Reittiere ab.

Sie hatten auch gemeinsame Strapazen zu erdulden: Hitze, Durst, Anstrengungen und Müdigkeit!

Aus dieser Situation entwickelte sich ein Gefühl der Partnerschaft und gegenseitigen Abhängigkeit, welches beim Vaquero wie beim Cowboy ein hohes Maß an Respekt und Fairneß dem Pferd gegenüber hervorrief.

Der Ursprung der Westernreiterei und des Western-Horsemanship dürfte hier zu finden sein.

Quelle: Cowboys (Falken-Verlag)

Pferde- oder Rinderherden müssen inspiziert werden.

Häufig müssen einzelne Tiere ausgesondert oder zu Sammelplätzen getrieben werden.

Weiterentwicklung der Freizeit- und Sportreiterei

Etwa nach dem zweiten Weltkrieg entstand wiederum eine neue Tendenz in der Entwicklung des Western-Reitens.
Mit der zunehmenden Besiedelung des amerikanischen Westens und der dadurch wachsenden Bevölkerung und gleichzeitig voranschreitender Industrialisierung wuchs auch das Bedürfnis nach Freizeitbeschäftigungen.
Eines dieser Bedürfnisse war unter anderem die Freizeitreiterei. Es lag darum nahe, daß die Menschen, die einen Teil ihrer Freizeit zu Pferde verbringen wollten, sich an der vorhandenen Reiterei der Vaqueros und Cowboys orientierten.
Diese Gesamtentwicklung führte zur organisierten Freizeit- und Sportreiterei. Man leitete sportliche Wettkämpfe und Disziplinen von den praktischen Arbeitsbereichen des Cowboys oder Vaqueros ab und stellte dementsprechende Wettkampfregeln auf.
Damit wurde eine gänzlich neue Form der Pferdenutzung geschaffen. Die Herdenreiterei war praktisch-funktional; die Pferde hatten Aufgaben zu erfüllen, in deren Bewältigung für sie ein Sinn zu erkennen war.
Dieses änderte sich im Bereich der Sportreiterei zum Teil. Beinhalteten einige Disziplinen noch das Arbeiten an Rindern (Aussondern und Kontrollieren in der Arena), so lag bei der Mehrzahl der Einzeldisziplinen eine abstrakte Aufgabenstellung vor.
Spezielle Pferdetypen zeichneten sich für einzelne Disziplinen durch besondere Begabung aus. Mit ihnen wurde intensiv gezüchtet, um hervorragend geeignete Pferde zu produzieren.
Die Ausbildung geschah grundsätzlich nach den alten Prinzipien, es etablierten sich jedoch spezielle Trainingsmethoden vor dem Hintergrund der allgemeinen Pferdeausbildung. Diese wurden beständig weiter perfektioniert und führten zu einem Höchstmaß an Leistung in den Einzeldisziplinen.
Das so entstandene Moderne „Western Style Riding" wurde, je nach regionalen Gegebenheiten, zunächst noch in „Texas Style" und „California-Style" unterteilt, alsbald reduzierte sich dieser Unterschied mehr und mehr auf die Ausrüstung und Kleidung der Reiter.
Neben dieser Form des Freizeitreitens etablierte sich der Rodeo-Sport als eigenständiger Wettkampfbereich.

Ursprünglich hatten die amerikanischen Cowboys zu den jährlichen ,,Roundups" (Rodeos) ihre eigenen Reiterspiele vorgeführt und praktiziert, um ihre Geschicklichkeit unter Beweis zu stellen. Dazu gehörten das Reiten auf völlig ungezähmten Pferden oder Bullen, das Einfangen von Rindern oder Kälbern und verschiedene Formen von Wettrennen.

Diese Cowboy-Rodeos zogen als Attraktion viele Zuschauer an. In den Folgejahren verselbständigten sich solche Veranstaltungen. Findige Geschäftsleute gründeten Rodeo-Vereinigungen, die mit solchen Shows kommerziell auf Tournee gingen. Dadurch entstand der Typ des ,,Rodeo-Cowboys". Er war nicht mehr der praktisch arbeitende Rinderhirte, sondern ein bei solchen Shows mitreisender Athlet, der in den einzelnen Rodeo-Disziplinen auftrat und damit sein Geld verdiente. Alle diese Disziplinen waren mit Geldpreisen ausgeschrieben. Heute ist der Rodeo-Sport noch immer einer der bedeutendsten professionellen Sportbereiche in der Sportszene Amerikas.

Spannen wir abschließend noch einmal den Bogen der historischen Entwicklung:

Mit den spanischen Eroberern fand zunächst die Besiedlung des amerikanischen Westens statt.

Die ersten Rinderherden innerhalb dieser Besiedlungszeit betreuten spanische Vaqueros. Besitzer dieser Herden waren spanische Siedler.

Anfang des 19. Jahrhunderts übernahmen die Nordamerikaner die nördlichen mexikanischen Provinzen Kalifornien, Arizona, New Mexico und Texas.

Die Herdenbetreuung der Rinderwirtschaft veränderte sich aufgrund dieses Geschehens. In Kalifornien blieb die Herdenbetreuung etwa nach den alten Prinzipien erhalten, bis die großen Ranches zu Beginn dieses Jahrhunderts zusammenbrachen.

In Texas vermischten sich allmählich spanisch-mexikanische Arbeits- und Trainingsmethoden mit denen der Amerikaner. Dieser Reitstil paßte sich den jeweiligen Veränderungen in der Rinderwirtschaft an.

Hieraus gingen mit beginnender Freizeit-Reiterei die verschiedenen sportlichen Wettbewerbe des ,,Western-Style-Riding" hervor.

Der Begriff Westernreiten deckt heute unterschiedliche, reiterliche Bereiche ab.

Erstens die weiterhin existierende praktische Arbeit der Cowboys, zweitens den Rodeo-Sport und drittens die Sportreiterei des amerikanischen Westens, außerdem die Freizeitreiterei mit Westernausrüstung. Dazu gehören Wanderreiter, Distanzreiter und Wochenendreiter als vierte Gruppe innerhalb des „Western-Style-Riding".

Quelle: Cowboys (Falken-Verlag)

Ausrüstung

Sättel

Die Form des „Westernsattels" ist im Laufe der Zeit einem steten Wandel unterworfen gewesen.
Vom ursprünglichen spanischen Kriegssattel der Konquistadores entwickelte er sich zum frühen Vaquero-Sattel Kaliforniens und Mexikos.
Je nach regionalen Voraussetzungen und verschiedenen Arbeitsweisen der Rinderhirten wurde er zum Stockstattel der Gegenwart.
Weitere Bauartveränderungen waren durch den Hintergrund der Rodeo- und Sportreiterei bedingt.
Ursprünglich wurde jeder Sattel von einem Sattelmacher in Handarbeit als Einzelstück angefertigt. Diese Form des Sattelbaues ist bis heute erhalten. Solchermaßen angefertigte Sättel nennt man „custom made". Sie sind in aller Regel von hoher Qualität in Material und Verarbeitung und häufig reichhaltig in Handarbeit mit Lederpräge- oder Schneidmustern verziert. Um preislich günstiger produzieren zu können, gingen Sattelbauunternehmen zur maschinellen Sattelfertigung über. In diesem Bereich gibt es die größten Unterschiede bezüglich der Materialqualität und der Verarbeitung.
Der Westernsattel ist generell ein Trachtensattel. Er hat zwei langgestreckte Auflageflächen, welche auf dem Pferderücken beiderseits der Wirbelsäule von den Schulterblättern bis vor den Bereich der Nierenpartie aufliegen.
Das Reitergewicht verteilt sich bei einem solchen Sattel gleichmäßig auf Rückenmuskeln und Rippenbögen und deckt eine verhältnismäßig große Fläche des Pferdrückens ab. Eine punktuelle oder partielle Belastung kommt nicht zustande. Voraussetzung hierfür ist allerdings eine korrekte Paßform des Sattelbaumes.
Dieser muß in Länge, Winkelung und Wölbung der Trachten der Anatomie des Pferdes angepaßt sein.
Für die verschiedenen Rasse- und Pferdetypen gibt es entsprechende Sattelbaumtypen. Der Sattelbaum eines Westernsattels wird aus unterschiedlichen Materialien gefertigt. Der haltbarste und in seiner Formbeständigkeit beste Sattelbaum ist der „Rawhide-Tree". Er wird aus Holz gefertigt und in feuchte Bullenrohhaut eingenäht. Im Trocknungsprozeß zieht sich die Rohhaut zusammen und verhärtet. Anschließend wird der Sattelbaum gegen Feuchtigkeit imprägniert.

Jeder Sattelbaum dieser Bauart kann individuell für die Körpermaße von Pferd und Reiter sowie entsprechend dem Verwendungszweck angefertigt werden.
Handgearbeitete Sättel haben in aller Regel einen „Rawhide-Tree". Auf diesen Sattelbaum arbeitet der Sattelmacher in verschiedenen Arbeitsgängen den Grundsitz und das Verkleidungsleder.
Weitere Materialien für Sattelbäume sind verschiedene Kunststoffe. Am weitesten verbreitet ist hier das Material „Ralide".
Bei den verschiedenen Fiberglas- und Kunststoffbäumen sind der Sattelbaum und der Grundsitz aus einem Stück gegossen. Importsättel aus Mexiko und Südamerika haben häufig Schichtholzbäume, die teilweise in Rohhaut oder Segeltuch eingefaßt sind. Diese Sattelbäume sind in ihrer Haltbarkeit und Formtreue in keiner Weise mit einem amerikanischen „Rawhide-Tree" zu vergleichen.
Für alle Sattelbäume gilt gleichermaßen: Der Sattelbaumtyp ist für die korrekte Paßform auf dem Pferderücken, der Grundsitz in Form und Maß für Balance und Komfort des Reiters maßgeblich. Der Westernsattel war als Arbeitssattel des Cowboys konzipiert. Der massive Vorderzwiesel (Fork) mit dem Sattelknauf (Horn) diente der Lassoarbeit. Der ausgeprägte Hinterzwiesel gab dem Reiter Halt bei der Arbeit, stabilisierte seinen Sitz in schwierigem Gelände und bei bockenden Pferden.
Form von Vorder- und Hinterzwiesel änderten sich stetig vor dem Hintergrund unterschiedlicher Verwendungsbereiche der Sättel sowie verschiedener Arbeitstechniken.
Für die einzelnen Rodeo- und Sportdisziplinen wurden besonders geeignete Spezialtypen konzipiert. Sie sollten dem Reiter die Bewältigung der Aufgabenstellung erleichtern. Die umfangreichste Serienproduktion fand im Bereich der Ropingsättel für den Rodeo-Sport statt.
Sattelproduzenten, welche sich mit Serienfertigung beschäftigten, propagierten diesen Satteltypen aus wirtschaftlichen Erwägungen für alle Bereiche des Westernreitens.
So zweckdienlich der Ropingsattel für das wettkampfmäßige Einfangen von Rindern sein mochte, so wenig war er geeignet, grundsätzlich einen korrekten reiterlichen Sitz mit entsprechenden Einwirkungen zu ermöglichen. Auf diese bedauerliche Entwicklung in der Seriensättel-Fertigung wiesen bedeutende amerikanische Westernreiter-Trainer und Sattelmacher immer wieder hin und formulierten kritische Gedanken. Doch auch heute noch ist der „Roping-Sattel" in vielfältiger Form als Standardsattel im Angebot der Serienfabrika-

tion zu finden. Die modernen Ropingsättel weisen mittlerweile einen korrekten Grundsitz auf, doch gibt es auch immer wieder noch den Ropingsattel alten Stils zu kaufen.
Westernsättel sind also häufig in ihrer Bauart, in den verwendeten Materialien sowie in der Qualität der Verarbeitung sehr unterschiedlich, obwohl sie sich rein äußerlich für den Laien nicht wesentlich unterscheiden. Man könnte sagen, daß die Variationsbreite vom minderwertigen, häufig gebrauchsunfähigen Billigprodukt bis hin zum exklusiven Kunstwerk ,,custom made" reicht.
Hier möchte ich deshalb einige Anhaltspunkte zur Beurteilung eines Westernsattels geben.

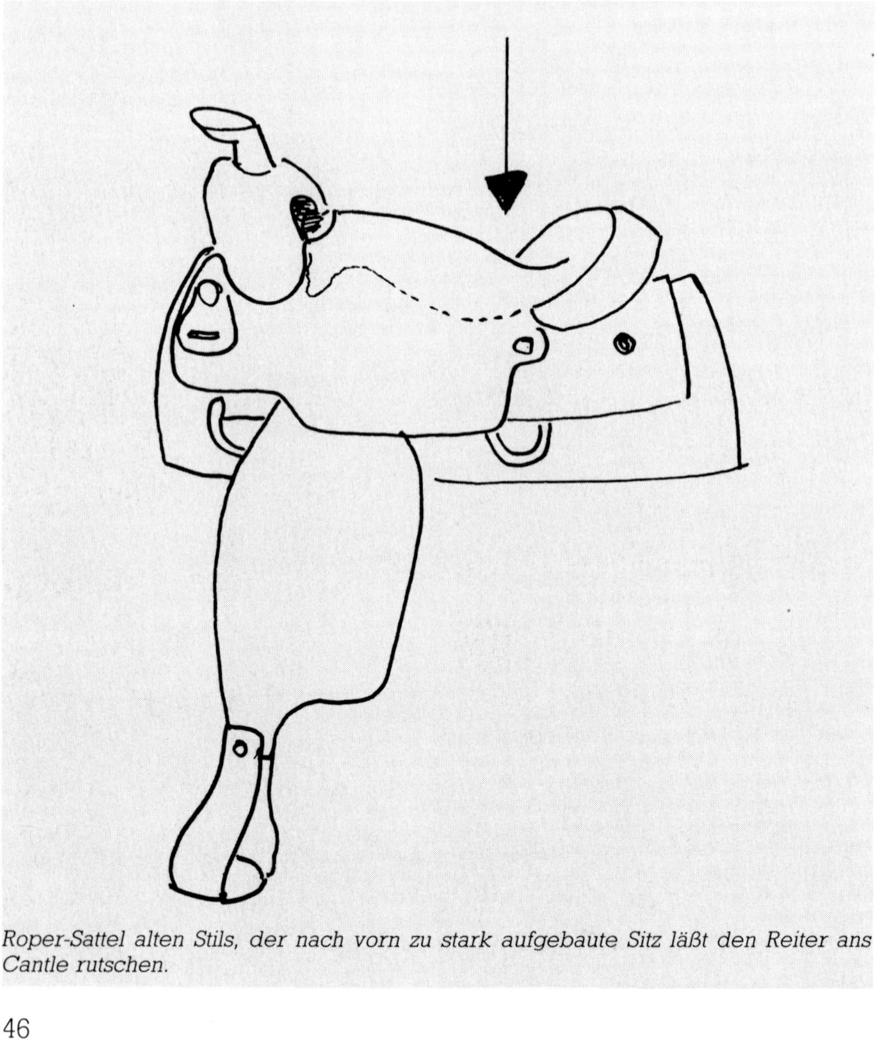

Roper-Sattel alten Stils, der nach vorn zu stark aufgebaute Sitz läßt den Reiter ans Cantle rutschen.

Es steht fest, daß sich im Bereich der Westernsättel, je nach Verwendungsbereich, unterschiedliche Grundtypen herausgebildet haben. Als Beispiele nenne ich: Den ,,Cutting-Sattel'', den ,,Roping-Sattel'', den ,,Pleasure-'' oder ,,Equitation-Sattel'', den ,,Barrel-Racer-Sattel'', den ,,Association-'' oder ,,Bronc-Sattel''. Dann wäre da noch der Ranch- oder Gebrauchssattel zu erwähnen. Der am wenigsten spezialisierte und vielseitig verwendbare Satteltyp ist entweder der Pleasure/Equitation- oder der Ranch- oder Gebrauchssattel. Alle anderen sind häufig in ihrer Konzeption hochspezialisiert.
Zur Beurteilung eines Westernsattels ist die qualitative Beschaffenheit des Leders von Bedeutung, ebenso die Verarbeitung in den Nähten, die Art der Befestigung der ,,Rigging'' und die Steigbügelaufhängung.

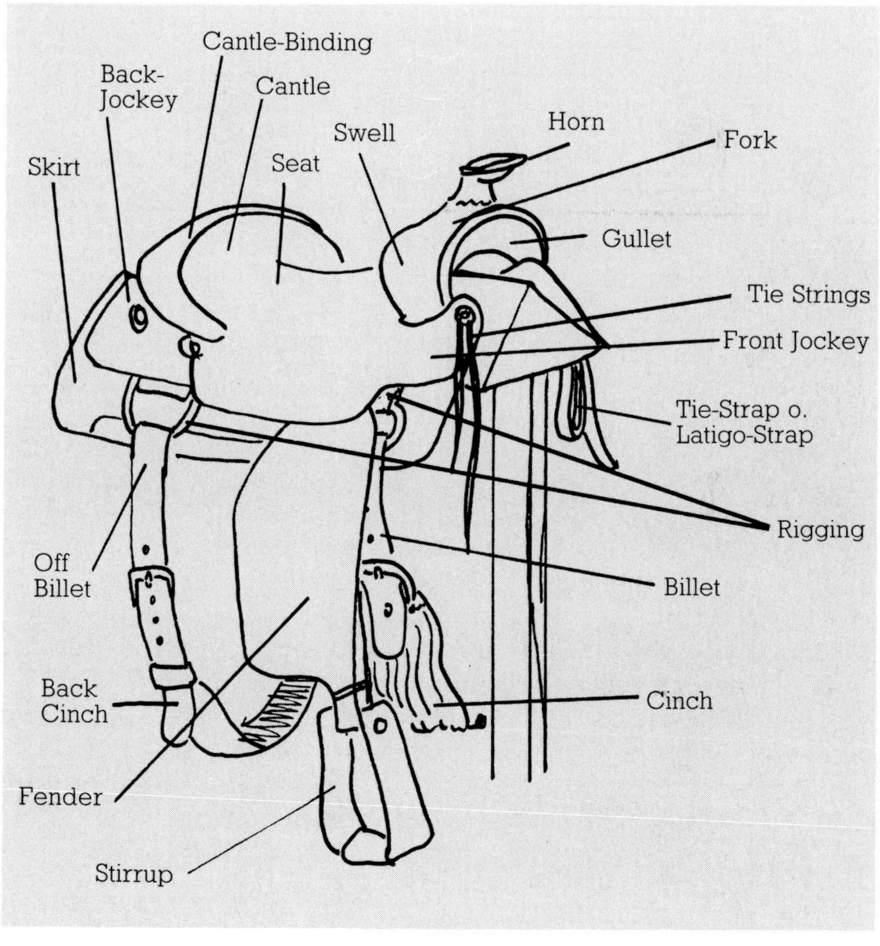

Wenn es um die Paßform für das Pferd geht, so hört man häufig: „Ein Westernsattel paßt jedem Pferd". Das ist sicherlich so pauschal nicht richtig.
Die richtige Paßform ist vor allem abhängig von der Schulterfreiheit, Widerristhöhe, Länge und Winkelung der Trachten. Es ist durchaus möglich, einen Sattelbaum so zu konzipieren und anfertigen zu lassen, daß er in diesen Bereichen eine möglichst große Variationsbreite zuläßt. Leider sind aber die meisten Sättel, insbesondere jene aus Serienfertigungen, nur für einen bestimmten Pferdetyp und einen bestimmten Verwendungszweck brauchbar.
Ein relativ vielseitiger Sattelbaum in der Paßform ist der sogenannte „Semi-Quarter Tree". Der Quarter Horse Tree ist mit weniger Widerristfreiheit ausgestattet, manchmal auch in den Trachten länger und in der Winkelung flacher. Der „Arabian Tree" ist insgesamt kürzer in den Trachten, aber auch sehr weit in der Schulterfreiheit. Das ist auf die amerikanischen Araberpferde abgestimmt, paßt aber häufig nicht auf deutsche Araber, die in der Schulter oft schmaler sind.
Es ist also in jedem Falle zu empfehlen, vor Erwerb eines Westernsattels eine Anprobe vorzunehmen. Dies sollte ohne Satteldecke geschehen. Der Sattel sollte zu den Formen des Pferderückens passen, zwischen Vorderzwiesel (Fork) und Widerrist sollten sich zwei bis drei Finger schieben lassen.
Westernsättel werden mit den unterschiedlichsten Gurtungssystemen ausgestattet. Ein System in 7/8-Position ist am vielseitigsten verwendbar.
Als Sattelunterlage sollte entweder eine doppelte Navajo-Decke von guter Qualität oder eine Filz- oder Kodelunterlage verwendet werden.
Bei manchen Pferden ist es notwendig, ein Vorderzeug zu verwenden, damit der Sattel nicht zu weit nach hinten rutscht.
Westernsättel gibt es vom Gewicht her etwa zwischen 10 bis 20 kg. Das ist abhängig von den verarbeiteten Materialien und richtet sich nach dem Verwendungszweck der dadurch bedingten Bauart. Da sich das Gewicht von Sattel und Reiter auf eine ziemlich große Fläche beiderseits der Wirbelsäule bis auf die Rippenbögen des Pferdes verteilt, ist die punktuelle Gewichtsbelastung relativ gering. Aus diesem Grunde ist ein Westernsattel ideal geeignet für lange Ritte.

Working-Saddle, Single Rigging

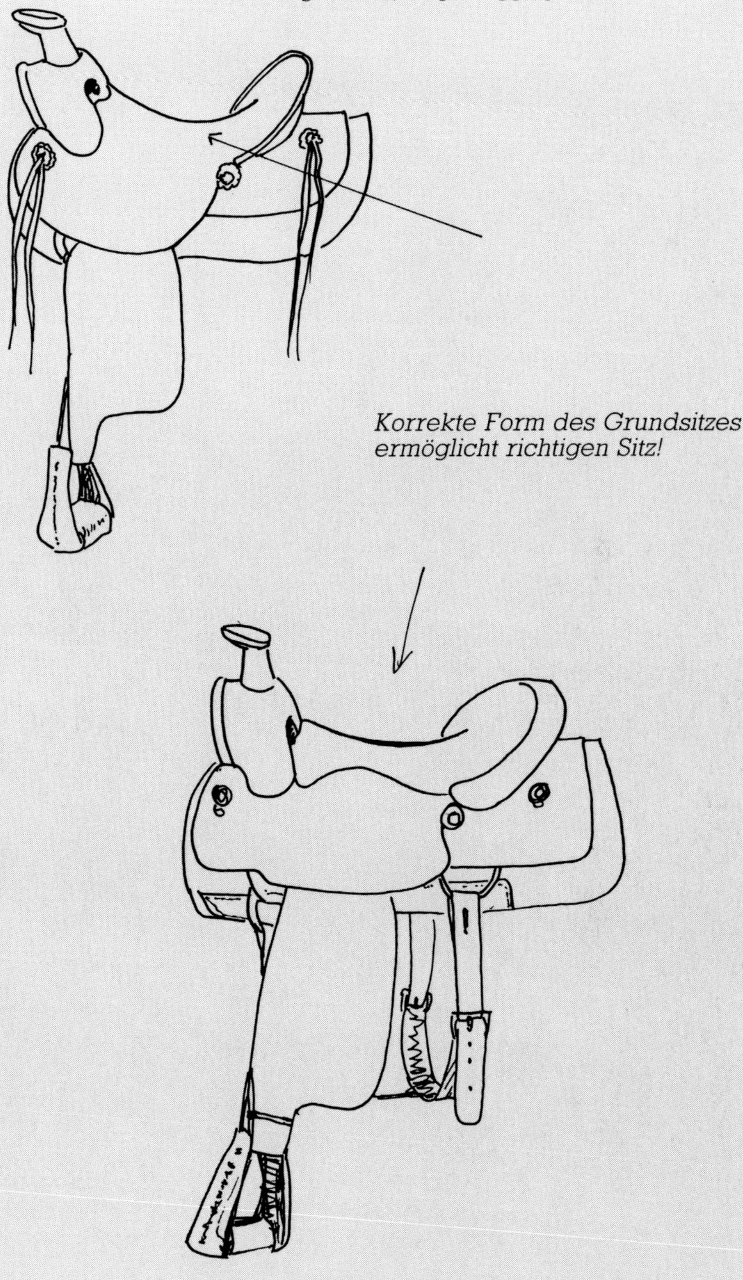

Roping-Saddle (Modern Style), Double Rigging

Das Beispiel eines schlechten Sattels.
Die Sitzform dieses Sattels macht einen korrekten Sitz unmöglich, darüber hinaus ist dieser Sattel sehr unbequem zu sitzen. Einige Details, die aufzeigen, in welchem Zustand dieser Sattel benutzt wurde.

Eine lebensgefährliche Gurtung. Der Latigo-Gurtriemen war zu kurz, um ihn mehrfach durch Gurtring und Rigging-Ring zu winden. Er wurde in der abgebildeten Form benutzt.

Nur die fragwürdige Befestigung am Rigging-Ring und ein schon angerissenes Loch im Latigo-Riemen am Dorn des Gurtrings hatten dem ganzen Gurtdruck Stand zu halten. Wie lange wäre das noch gutgegangen?

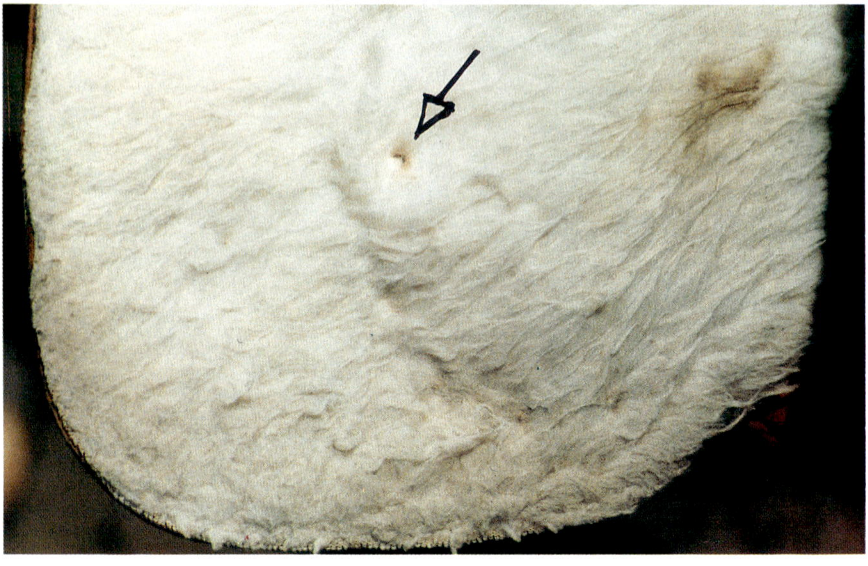

Ein Nagel ist durch den Sattelbaum getrieben worden und ragt durch das Leder der „Skirts" und das Lammfell hindurch. Wäre der Nagel etwas weiter durchgedrungen und hätte die Satteldecke durchbohren können, wär eine böse Verletzung des Pferdes in der Sattellage die Folge gewesen.

Die Rigging ist nur mit Heftklammern am Sattelbaum „angetackert".

Zaumzeuge

Zaumzeuge oder „Kopfstücke" dienen dazu, das Gebiß am Pferdekopf bzw. im Pferdemaul zu fixieren. Es gibt diverse unterschiedliche Ausführungen, grundsätzliche Unterschiede allerdings nur in zwei Bereichen.

Da gibt es einerseits das übliche Zaumzeug mit Stirnriemen, Backenstücken und Kehlriemen, aber auch eine andere Variante, das sogenannte „Einohr-Zaumzeug". Bei dieser Zäumung hat man nur einen einfachen Backenriemen, der mit einem zusätzlichen Ohrspalt oder Ohrriemchen über eines der Ohren des Pferdes gelegt wird. Dieser um das Ohr führende Zusatzriemen hat die Aufgabe, den Backenriemen in konstanter Position am Pferdekopf zu halten, und generell trägt das Pferd dadurch sehr wenig „Leder" am Kopf. Die Formen und Ausstattungen sind allerdings auch hier vielfältig.

Der Entwicklungsbereich des Zaumzeugs hat keinen ausschließlich praktischen und funktionalen Hintergrund. Gerade hier fließen historische Aspekte und Modetrends ein und ergänzen einander.

Der europäische Betrachter wird wahrscheinlich einen wichtigen Unterschied feststellen. - Bei den amerikanischen Wettkämpfen und Sportdisziplinen ist es nicht gestattet, ein „Sperrhalfter" zusätzlich zum Zaumzeug zu benutzen.

Ein Sperrhalfter ist ein zusätzlich zur üblichen Zäumung angewandtes Halfter, welches ein Aufsperren des Pferdemauls bei Beeinflussungen durch das Gebiß verhindert. Wie schon gesagt, solche Hilfsriemen sind bei Turnierveranstaltungen verboten.

In der Western-Reitweise hat man noch eine andere Zäumungsvariante, die bei uns nicht allzu häufig vorkommt. Wir würden sie hier als „Stoßzügel" bezeichnen. Sie sind eine feste Verbindung zwischen dem Halfter am Pferdekopf und dem Sattelgurt. Dieser einzelne Riemen verhindert das Hochschlagen oder Hochnehmen des Pferdekopfes aufgrund unsachgemäßer oder zu harter Handhabung und Anwendung des Gebisses. Diese Stoßzügel heißen im Bereich des Western-Reitens „Tie-Down" und werden nur in den Rennsportdisziplinen „Barrel-Race" und „Pole-Bending", die zu den Rodeo-Disziplinen gehören, eingesetzt, zumindest überwiegend. Bei Roping-Disziplinen findet das Tie-Down auch noch Verwendung. Damit ist der Gebrauchsrahmen dieser Zusatzzäumung abgegrenzt.

Martingal

Das Martingal findet bei der Grundausbildung in der Wassertrense sowie bei der Korrektur eines Pferdes in dieser Zäumung Verwendung.
Es soll so lang verschnallt sein, daß es bei normaler Zügelführung und Verhaltensweise des Pferdes keine Wirkung hat. Nur, wenn das Pferd den Kopf zu hoch hebt, um sich dem Einfluß des Gebisses zu entziehen oder zu widersetzen, wirkt das Martingal auf den Zügel. Es sorgt dann dafür, daß der Druck des Gebisses weiterhin abwärts auf Zunge, Lefzen und Laden des Pferdes wirkt. Es soll somit auch bei Fehlverhalten des Pferdes eine korrekte Gebißwirkung gewährleisten.
Es findet keine Anwendung, um ein Pferd in eine bestimmte Kopfhaltung zu zwingen.

Gebisse oder Zäumungen

Ich möchte nun zur Beschreibung der Gebisse und Zäumungen im einzelnen kommen.
Jede Zäumung wurde ursprünglich für einen bestimmten Verwendungszweck innerhalb der Pferdeausbildung oder Reiterei konzipiert und verwandt. Jeder Zäumungs- oder Gebißtyp hat eine ganz bestimmte Wirkungsweise am Pferdekopf oder im Maul. Es würde ein separates Buch füllen, diesen gesamten Bereich umfassend abzuhandeln. Deshalb sei hier nur auf die wesentlichen, westernreiterlichen Aspekte eingegangen.
Die in der Westernreiterei verwandten Zäumungen und Gebisse sind heute von unüberschaubarer Vielfalt. Ich möchte sie daher nach ihrer unterschiedlichen Wirkungsweise in sechs Gruppen einteilen und jeweils nur die Standardvarianten beschreiben.

Das Martingal
Es wird so lose verschnallt, daß es bei „normaler" Zügelführung des Reiters und Kopfhaltung des Pferdes keinen Einfluß auf die Zügeleinwirkung hat.
Sollte das Pferd aber einmal versuchen, sich der Zügeleinwirkung durch ein Hochnehmen des Kopfes zu entziehen, so gelingt das nicht.
Auch bei hoher Kopfhaltung des Pferdes bleibt die korrekte Gebißeinwirkung auf Zunge, Lefzen und Laden des Pferdes erhalten, weil das Martingal in diesem Falle den Zügelzug abwärts lenkt. Ein Hochziehen des Gebisses in der Maulspalte wird so verhindert. Ein mehrfach zu verschnallendes Martingal ist sinnvoll und kann individuell angepaßt werden.

Handhaltung bei Split-Reins
Zeigefinger zwischen den Zügeln, Zügel werden mit der rechten Hand geführt, Zügelenden hängen an der selben Seite herunter.

Kleiner Finger zwischen den Zügeln. Zügel werden mit der linken Hand geführt und hängen dort herunter.

Handhaltung in der Wassertrense mit geteilten Zügeln.

Die Mechanische Hackamore

Hier handelt es sich um eine Zäumung, die gerade bei uns in Deutschland von vielen Leuten zu allererst mit dem Westernreiten in Verbindung gebracht wird.
Allerdings ist sie eine Erfindung jüngeren Datums, die eng mit dem Rodeo-Sport verknüpft ist.
Der Umstand, daß sie nicht ins Maul des Pferdes wirkt, führte dazu, daß man sich bei der Namensgebung für diese Erfindung an der altkalifornischen, traditionellen Hackamore-Zäumung orientierte. Beide Zäumungen sind, obwohl gebißlos, in ihrer Wirkungsweise total unterschiedlich.
Die Mechanische Hackamore ist eine Zäumung, die aus einem Nasenband mit massivem Kern (Drahtseil, Fahrradkette) und Hebeln oder Anzügen, an denen die Zügel befestigt sind, besteht.
Beim Annehmen der Zügel verengen die Hebel das Nasenband, welches dann mit mechanischer Kraft den Nasenbereich des Pferdes zusammenpreßt. Je nach Ausführung der einzelnen Variante, ist die Hebelwirkung stärker oder weniger stark.
Bei der Anwendung dieser Zäumung sind einige grundsätzliche Aspekte zu berücksichtigen, damit dem Pferd keine unnötigen Schmerzen zugefügt werden.
Die Metallteile, die am Pferdekopf anliegen, sollten gut abgepolstert sein. Häufig sind diese Zäumungen mit scharf auf den Unterkiefer wirkenden, gedrehten Ketten ausgestattet. Diese sollte man gegen Kinnriemen oder flache Kinnketten austauschen.
Das Nasenstück sollte immer auf dem knochigen und niemals auf dem knorpeligen Teil der Pferdenase ruhen. Gegebenenfalls kann man das Nasenstück mit einem dünnen Riemen zum Stirnriemen hochbinden.
Man sollte berücksichtigen, daß die beweglichen Teile des seitlichen Hebels auch Druck ausüben. Es ist darauf zu achten, daß dadurch nicht die seitliche Backenhaut des Pferdes ständig gegen die scharfen Kanten der Oberkieferbackenzähne gequetscht wird, denn das würde zu Verletzungen im inneren Bereich des Maules führen. Dieser Aspekt wird selten berücksichtigt, ist aber von ganz besonderer Bedeutung.
Dazu ist noch zu sagen, daß ein Pferd die Grundbegriffe der einhändigen Zügelführung erlernt haben sollte, bevor es in dieser Zäumung geritten wird.

Die „Mechanische Hackamore“ ist, im Gegensatz zur klassischen kalifornischen Hackamore, keine Ausbildungszäumung.
Sie wurde vielmehr dann verwandt, wenn Pferde durch zu groben Einsatz von Stangen oder Kandarengebissen so hartmäulig geworden waren, daß sie in diesen Gebißzäumungen nicht mehr zu reiten waren. Mit der „Mechanischen Hackamore“ hatte man hier ein Zwangsmittel, speziell für Stops, mit der man ein solches Pferd weiter nutzen konnte.
Im seriösen Pferdetraining wie auch im Westernturniersport hat die Mechanische Hackamore keinen Platz.

Die Wirkungspunkte der mechanischen Hackamore

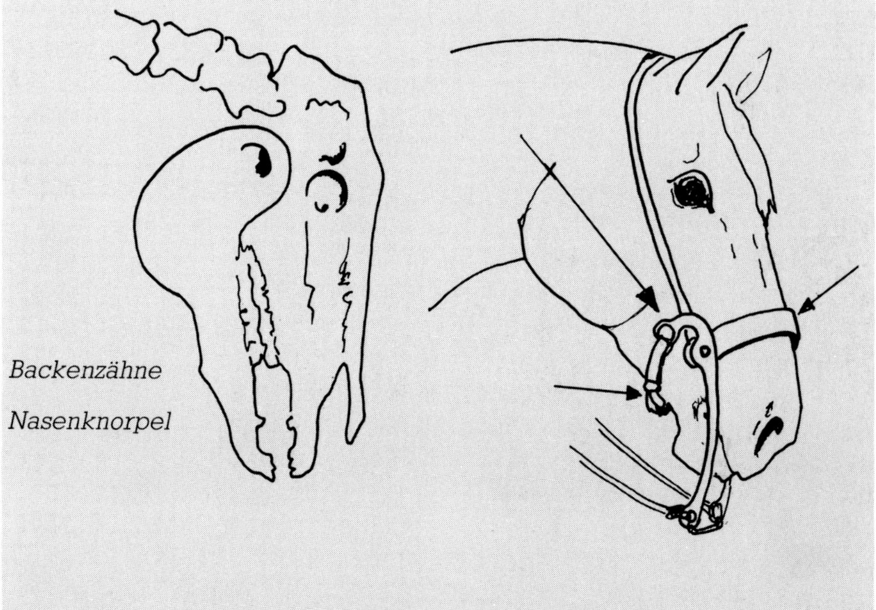

Die Kalifornische „Jaquima“ oder „Hackamore“

Die gebißlose Zäumung läßt sich in ihrem Ursprung auf die Berber Nordafrikas zurückführen. Von dort kam sie, während der Eroberung und Besetzung Spaniens durch die Mauren, auf die Iberische Halbinsel. Die spanischen Eroberer wiederum brachten sie auf den amerikanischen Kontinent.

In Kalifornien wurde dann die gebißlose Zäumung als „Jaquima“ oder in der amerikanischen Aussprache als „Hackamore“, wie nirgendwo sonst, als Ausbildungszäumung perfektioniert.

Die Hackamore-Zäumung besteht aus einem etwa 7 m langen Seil, häufig aus Pferdemähnen- oder Schweifhaar geflochten. Dieses Seil (Mecate) wird zur Zügelschlaufe und zum Leitseil mit einem speziellen Knoten am „Bosal“ befestigt.

Das Bosal ist ein aus Rohhaut oder Latigo-Leder geflochtenes Nasenband, mit einem dünnen Lederriemen am Pferdekopf befestigt. Wenn das Pferd geführt oder angebunden werden soll, kommt die „Fiadore“-Aufhängung dazu. Bosals werden in der Stärke (Durchmesser des Nasenseitenteils) von etwa 6 bis 25 mm gefertigt. Unterschiedliche Flechtsysteme produzieren verschiedene Flexibilitätsgrade der Bosals. So kommt eine vielfältige Variationsbreite der einzelnen Bosals zustande, welche es ermöglichen, jeweils dem Ausbildungsstand oder der Sensibilität des speziellen Pferdes entsprechend, das passende Bosal zu wählen. Ebenso variieren die Mecates.

Zweck dieser Zäumung ist es, dem Pferd vermittels Impulsen auf den Nasenbereich das Verständnis für richtungweisende und tempobeeinflussende Signale zu übertragen.

Bei Unaufmerksamkeit oder Widersetzlichkeit wird durch einen kräftigen Ruck auf die Nasenpartie eine sofortige Richtungsänderung erzielt. Diese Lektion, richtig ausgeführt, sensibilisiert das Pferd mit der Zeit für allerfeinste Impulse und bringt es in die absolute psychische und physische Reiterkontrolle.

Durch entsprechende Verknotung der Mecate kann das Bosal enger oder weiter angepaßt werden. Das Bosal kann unterschiedlich hoch am Pferdekopf angepaßt werden, der Nasenteil des Bosals soll aber möglichst auf dem knochigen Teil des Nasenrückens liegen.

Zielsetzung in der Handhabung der Hackamorzäumung ist es, situationsangepaßte Impulse richtungweisender oder tempobeeinflus-

sender Art auf den Pferdekopf zu geben. Niemals werden beide Zügel zur gleichen Zeit angenommen, nach jedem Annehmen eines Zügels hat unvermittelt die Zügelhand wieder nachzugeben und losen Zügel zu geben (Pull and Slack). Unbedingt notwendig sind die richtigen Trainingsvoraussetzungen bezüglich Reitbahn und Gelände. Die detaillierte Erklärung der Hackamore-Schulung füllte ein ganzes Buch und kann im Rahmen dieses Standardwerkes nur grundsätzlich vorgenommen werden.
Die korrekte Handhabung dieser Ausbildungszäumung stellt hohe Anforderungen an die reiterlichen Fähigkeiten und macht ein absolutes Umdenken notwendig, wenn man im europäischen System der Reiterei zu Hause ist. Die mir hundertfach von deutschen Reitern und Pferdeleuten gestellte Frage: „Wie kann man denn damit ein Pferd halten?" verdeutlicht am ehesten, daß an diesem Punkt zwei verschiedene Ideologien einander begegnen. Im Bereich „Grundausbildung des Pferdes" werde ich in diesem Buch zu einem späteren Zeitpunkt versuchen, zum Verständnis für die Anwendung dieser Zäumung beizutragen.
Über einen ständigen Wiederholungsprozeß mit immer feineren Signalen lernt das Pferd, diese Impulse mit bestimmten Bewegungsabläufen zu verbinden.
Nachdem das Pferd sein gesamtes Ausbildungspensum in den verschiedenen Bosalvarianten erlernt hat, wird es in die Doppelzäumung übernommen. Diese Doppelzäumung besteht aus einem dünnen Bosal mit Zügeln, welches unter der Gebiß-Zäumung liegt. Das Pferd gewöhnt sich nun zunächst daran, das Gebiß im Maul zu tragen. In dieser Zeit kommt absolut keine Zügeleinwirkung auf das Gebiß zustande. Nachdem das Pferd sich mit dem Gefühl des Gebisses, dessen Eigenbewegungen und Balance vertraut gemacht hat, werden die Gebißzügel graduell verkürzt, bis sie gleichzeitig mit den Bosalzügeln wirken. Das Pferd lernt nun langsam, im Zusammenhang mit den Bosalsignalen, auch auf die Gebißsignale zu reagieren. Es kann bei dieser Form der Zügelführung auch nicht zu harten Gebißeinwirkungen kommen. Erst, wenn das Pferd sicher auf die Gebißsignale reagiert, wird auf die Bosalzäumung verzichtet. Das Pferd ist „straight up in the bridle", ausschließlich auf Stange gezäumt.
Die Bosalzäumung ist also eine Ausbildungszäumung, die das Pferd für die Stangenzäumung vorbereitet.

Querschnitt durch das Pferdemaul

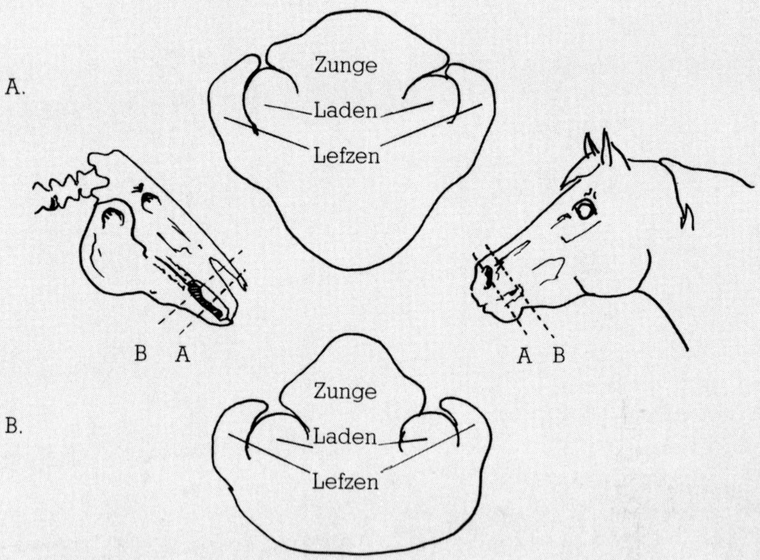

Genügend Zungenfreiheit, gleichmäßiger Druck auf Zunge, Lefzen u. Laden.

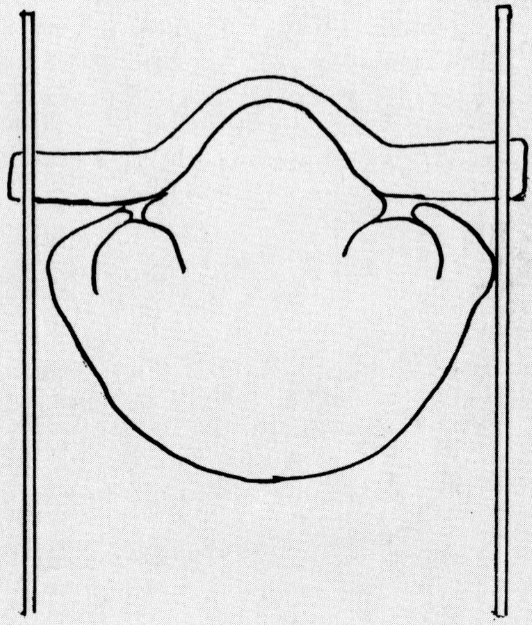

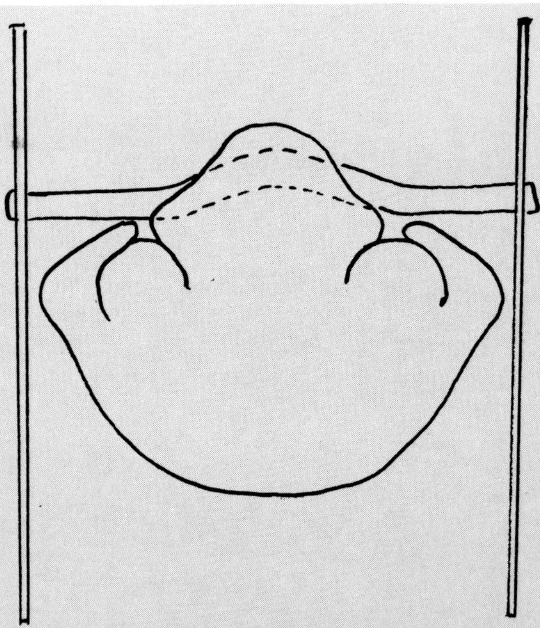

Zu flache Zungenfreiheit, deutlich mehr Druck auf die Zunge.

Rollerbit als Curb-Bit, die Rolle gräbt sich in die Zunge.

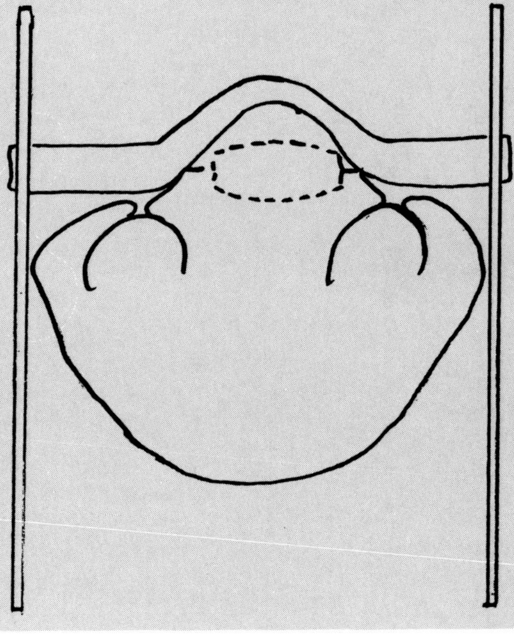

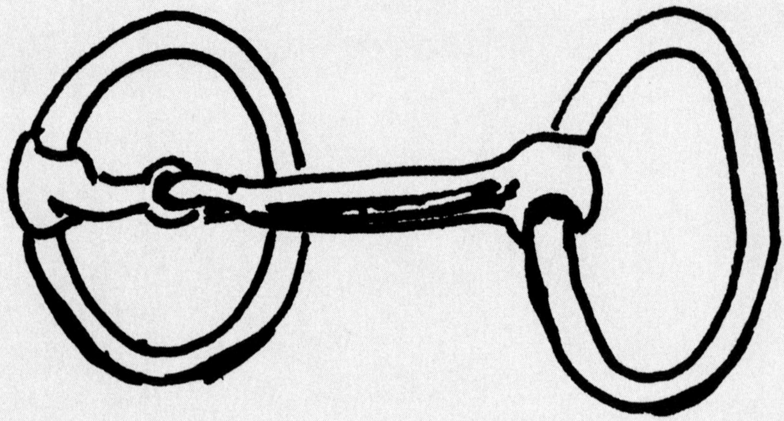

Ring-Snaffle

D-Snaffle

Curb-Bit
Medium-High
Port

Solid
Jaws

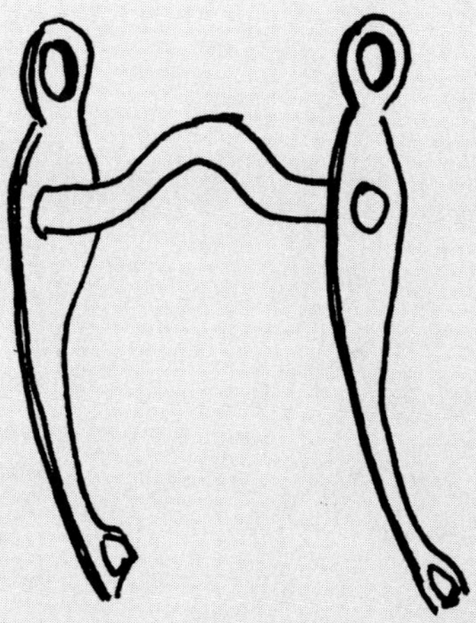

Grazer-Bit
Low Port

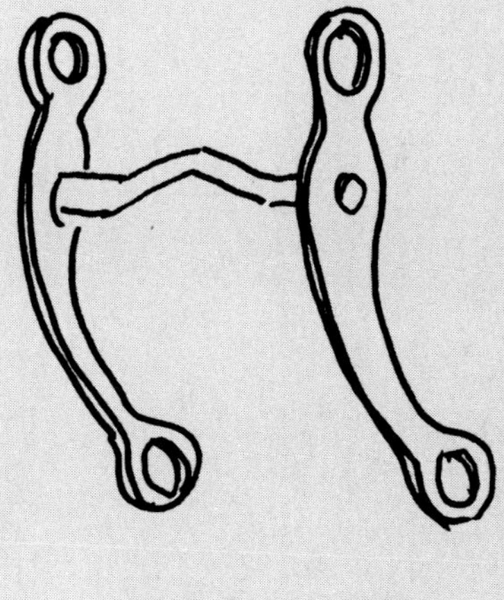

Snaffle-
with-Shanks

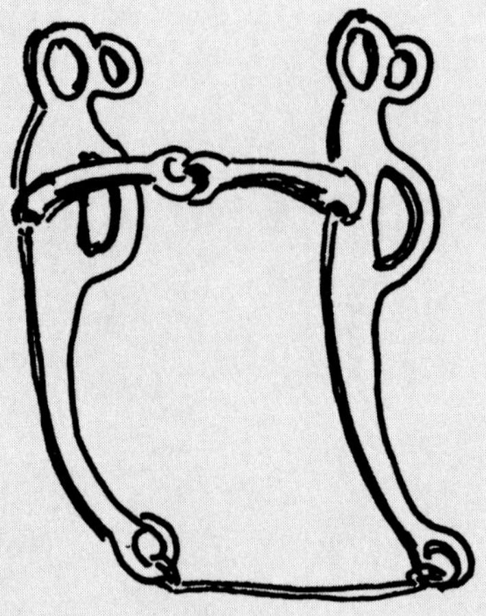

Curb-Bit
High Port

Loose
Jaws

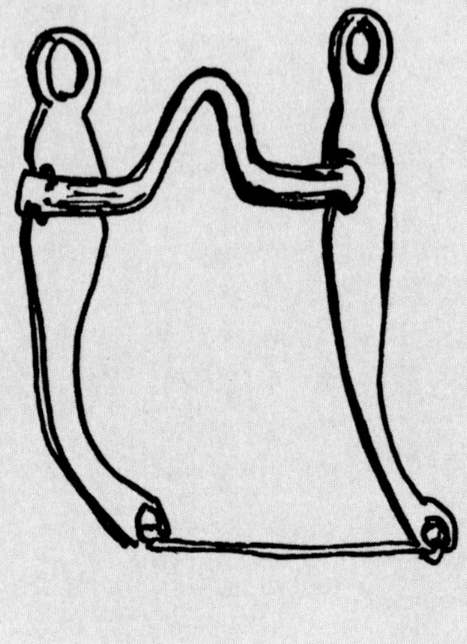

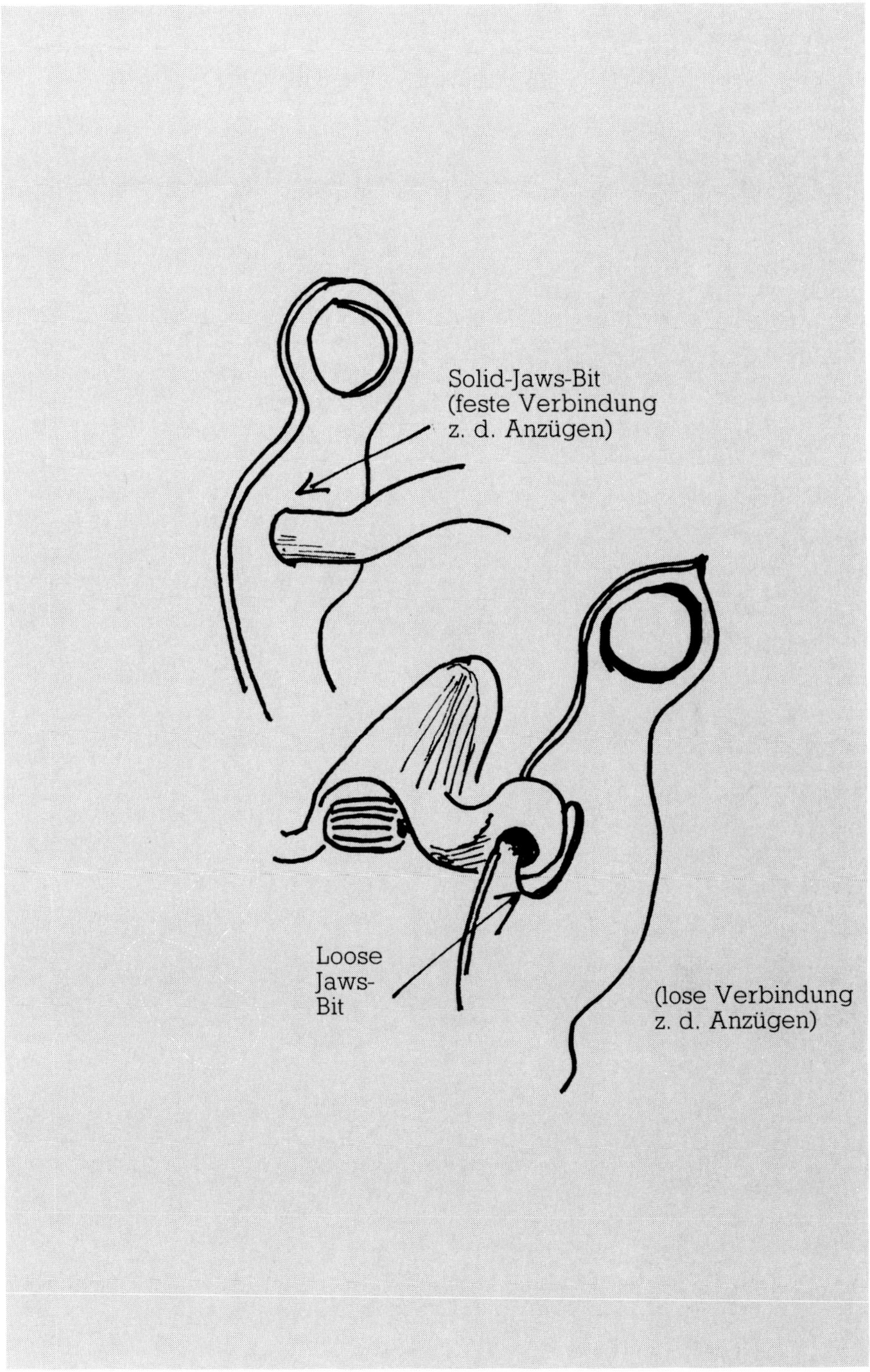
Solid-Jaws-Bit
(feste Verbindung
z. d. Anzügen)
Loose
Jaws-
Bit
(lose Verbindung
z. d. Anzügen)

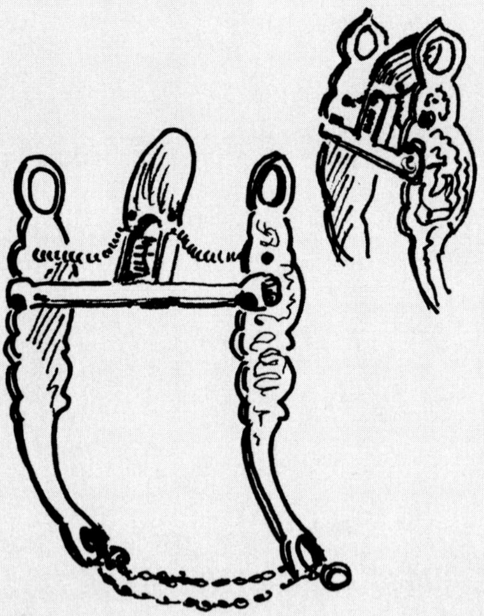

Spade-Bit

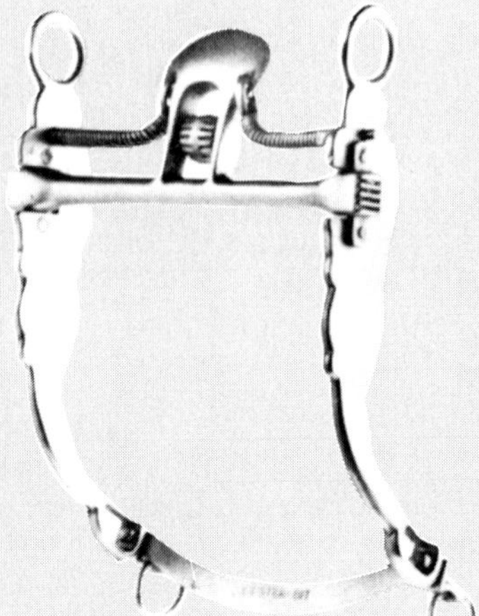

Spade-Bit

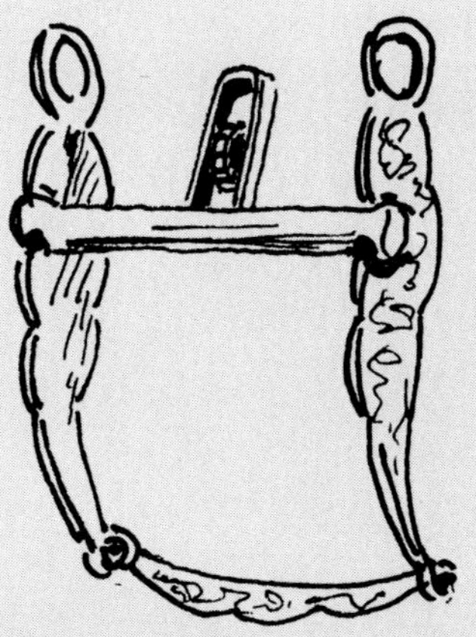

Half-Breed-Bit

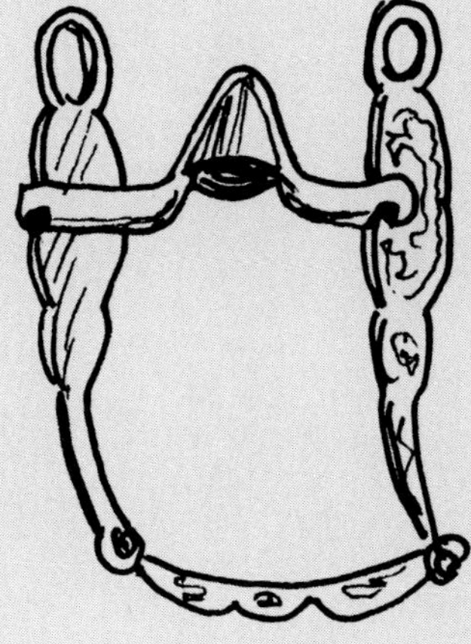

Salinas-
Bit

Die „Mechanische Hackamore".
Diese mit Hebelkraft auf die Nase wirkende Zäumung sollte nicht mit der kalifornischen Bosal-Hackamore-Zäumung verwechselt werden.

Komplette Hackamore-Zäumung mit Quirt.

Links dickes Bosal, rechts „bleistiftdickes" Bosal.

Die Hackamore-Zäumung (Bosal, Fiadore, Mecate)
Die Hackamore-Zäumung besteht aus dem Nasenband, meist aus Rohhaut geflochten und hier im Bild mit weichem Latigo-Leder umwunden:
Kopfstück, hier bestehend aus Backenstück, Stirnriemen und Kehlriemen (Fiadore).
Das Fiadore hat die Aufgabe, den Kinnknoten (Heelknot) des Bosals in Position zu halten und die Zügelschlaufe mit Führseil (Mecate).
Die verschiedenen Windungen der Mecate formen den Knoten, mit dem das Bosal der Pferdenase angepaßt wird.

Die Two-Rein-Zäumung
(Bridle-Bit und Bosal-Hackamore)
Die Hackamore ist unter der Bridle-Zäumung angepaßt und besteht aus einem sehr leichten Bosal und dünner Mecate.
Die Bridle besteht aus Kopfstück, California-Bit, in diesem Falle ein Salinas-Bit mit losen seitlichen Anzügen, den rohhautgeflochtenen Zügeln mit Ketten. Kopfstück, Gebiß und Zügel bilden eine Balanceeinheit, wenn die Zügel in der Reiterhand geführt werden.

Ein schönes Beispiel eines Pferdes in lockerer Beizäumungshaltung.
Gebiß, Verbindunsglieder und Zügel bilden eine Balance-Einheit.
Es besteht ein leichter Kontakt zwischen Reiterhand und Pferdemaul durch den losen Zügel.
Man beachte, daß die Kinnkette nicht angespannt ist.

Das Pferd geht in Selbsthaltung in ruhigem Lope (ruhiger Galopp, Canter). Keine aktive Hilfengebung oder Einwirkung durch den Reiter, die Unterschenkel sind zur Demonstration etwas seitlich abgespreizt, deutlich loser Zügel.

Der Reiter nimmt die Zügel leicht an, das Pferd reagiert direkt durch Nachgiebigkeit im Genick, es ist bereit für vermehrte Lastaufnahme durch die Hinterhand oder eine Richtungsänderung bzw. Gangartänderung.

Das Snaffle-Bit am Pferd.

Das Bit-Guard
Es schützt das Pferdemaul vor direkter Gebißeinwirkung im Maul. Der Zügeldruck verteilt sich auf den gesamten, äußeren Nasenbereich, auf der dem aktiven Zügel gegenüberliegenden Seite. Das Mundstück kann zum Gaumen hin, wie auch in der Maulspalte, höher oder tiefer verschnallt werden. Diese Trainingszäumung ist zum ersten Anreiten des Pferdes bei tief seitlicher Zügelführung nützlich.

Snaffle-Bit mit Bit-Guard

Das Snaffle-Bit.

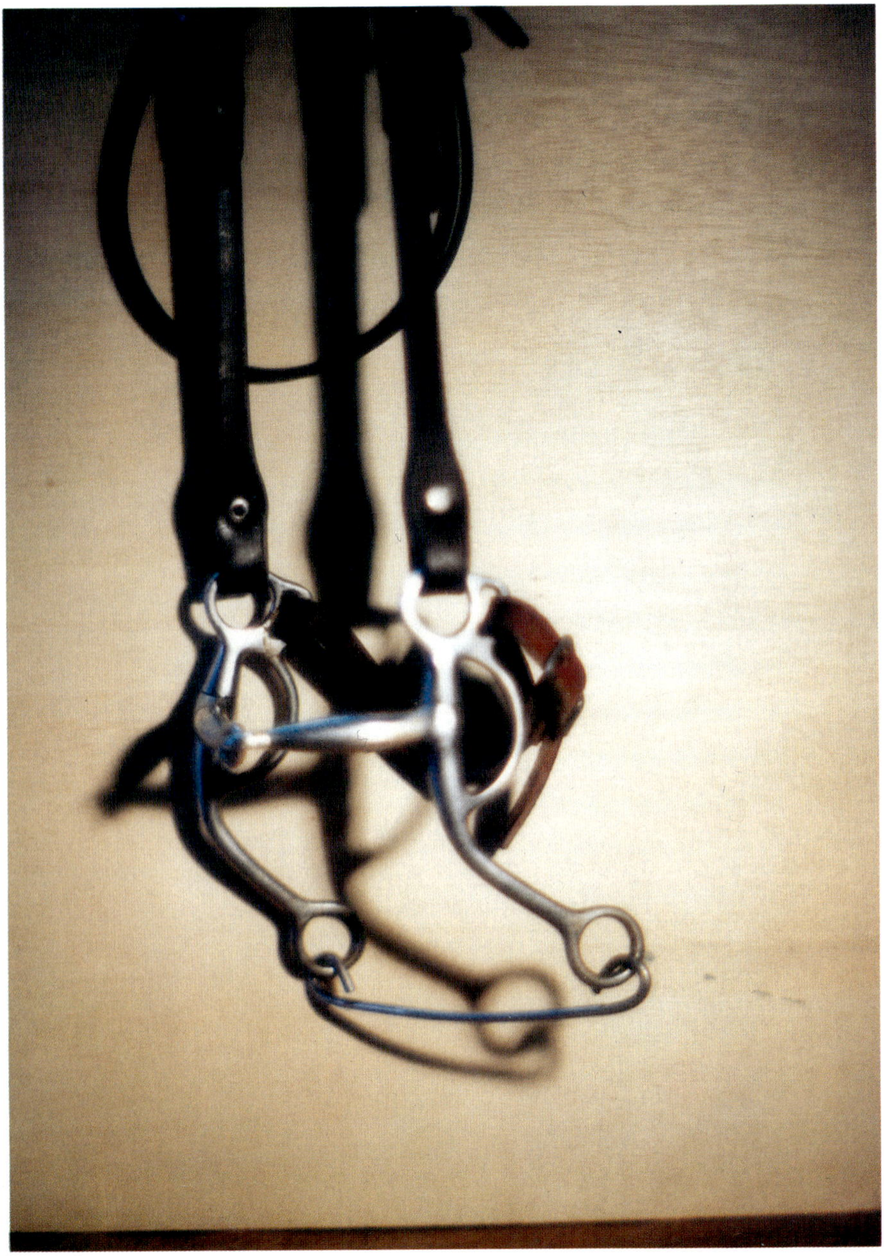

Ein Snaffle-Bit-with-Shanks.

Ein Grazer-Bit.

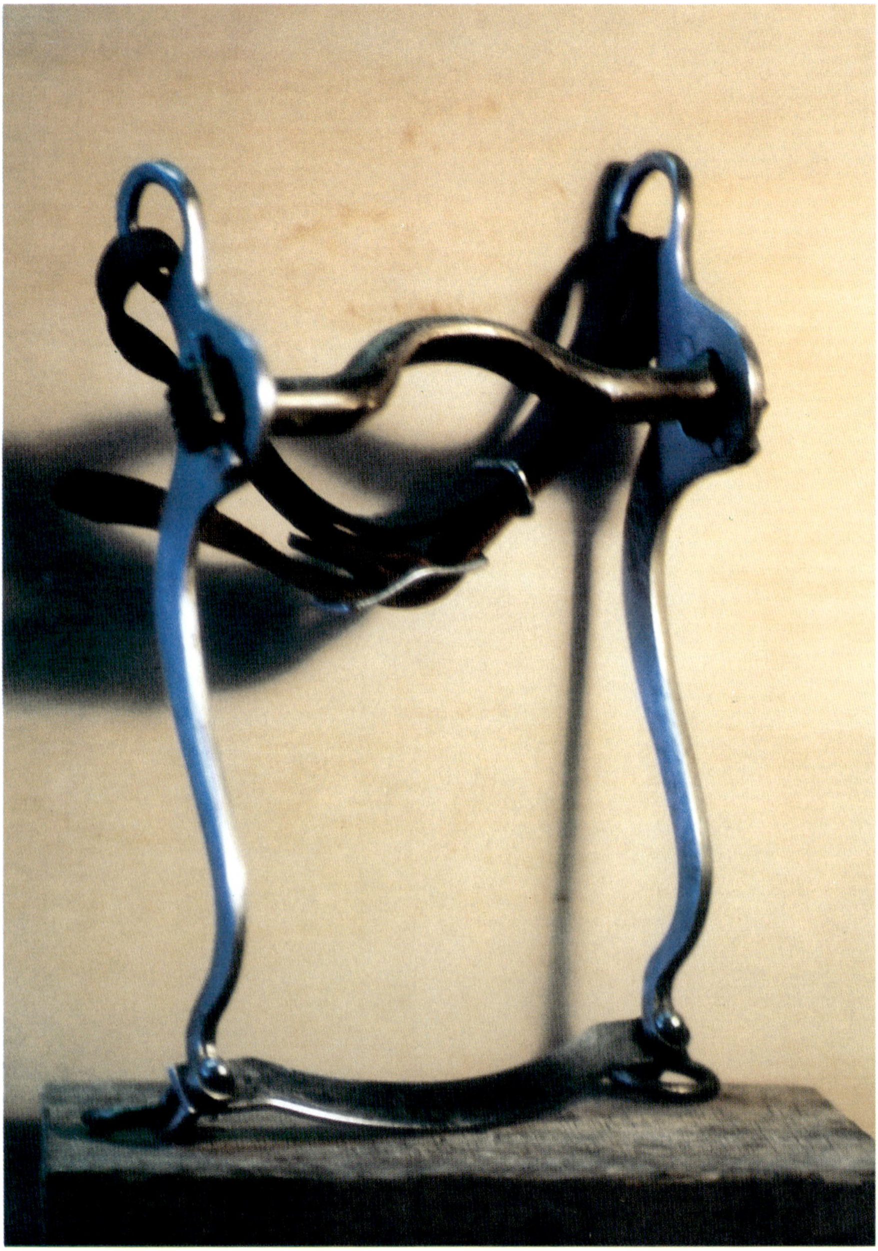

Ein Curb-Bit.

Ein historisches Half-Breed-Bit.

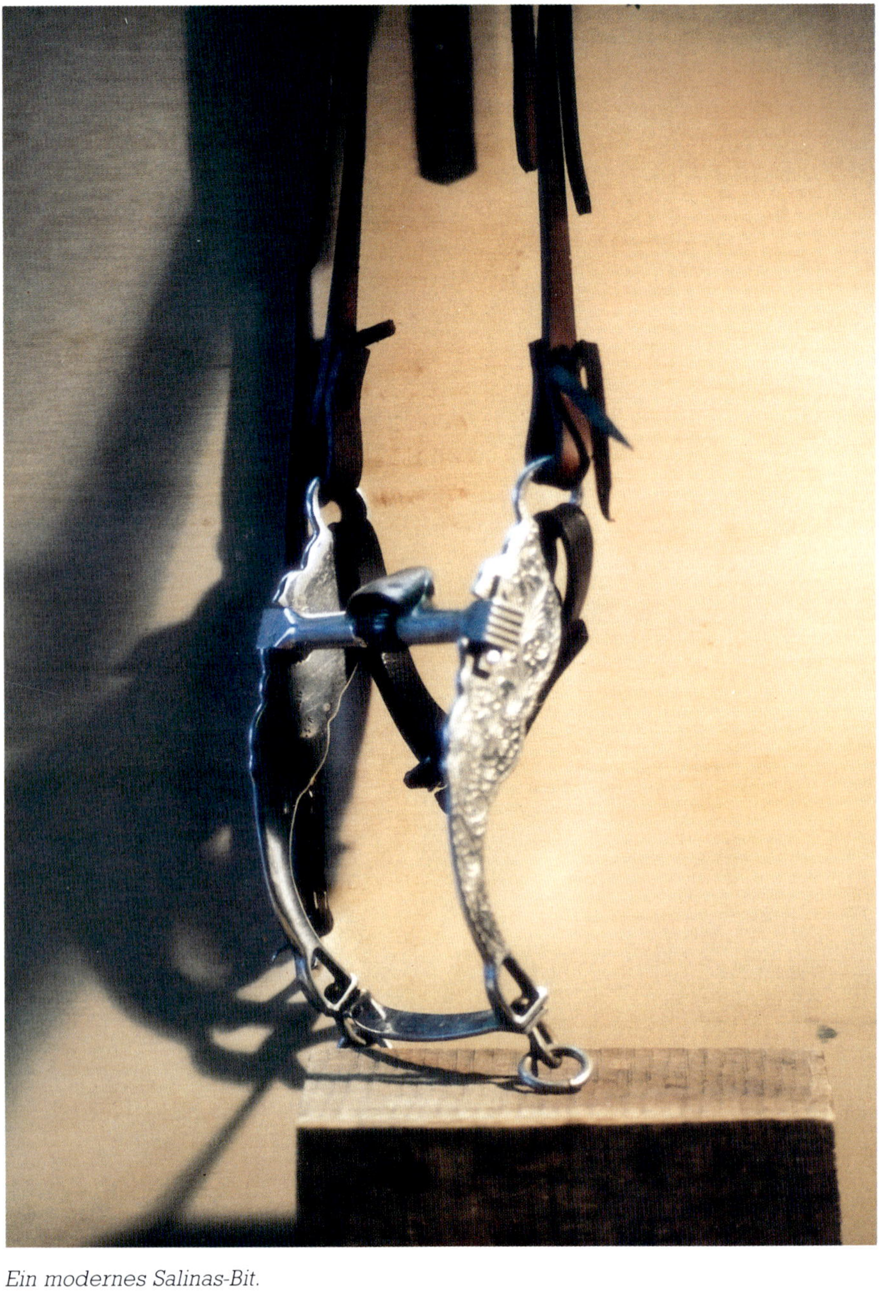

Ein modernes Salinas-Bit.

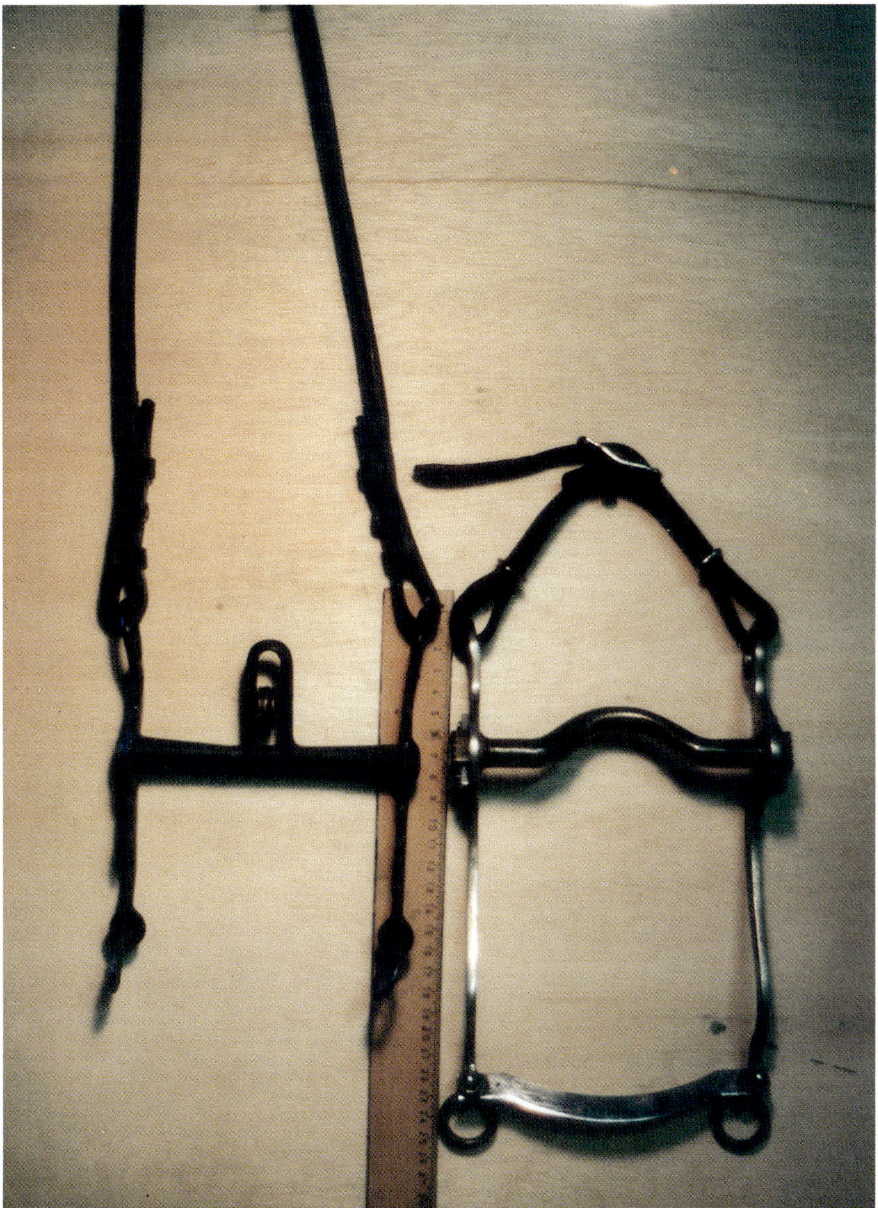

Links das historische Half-Breed-Bit, rechts das moderne Curb-Bit. Das Half-Breed-Bit hat nur geringe Hebelwirkung, resultierend aus dem Verhältnis von Oberbaum zu Unterbaum. Das Curb-Bit ist mit deutlich stärkender Hebelwirkung ausgestattet.

Verschiedene High-Port-Bits.

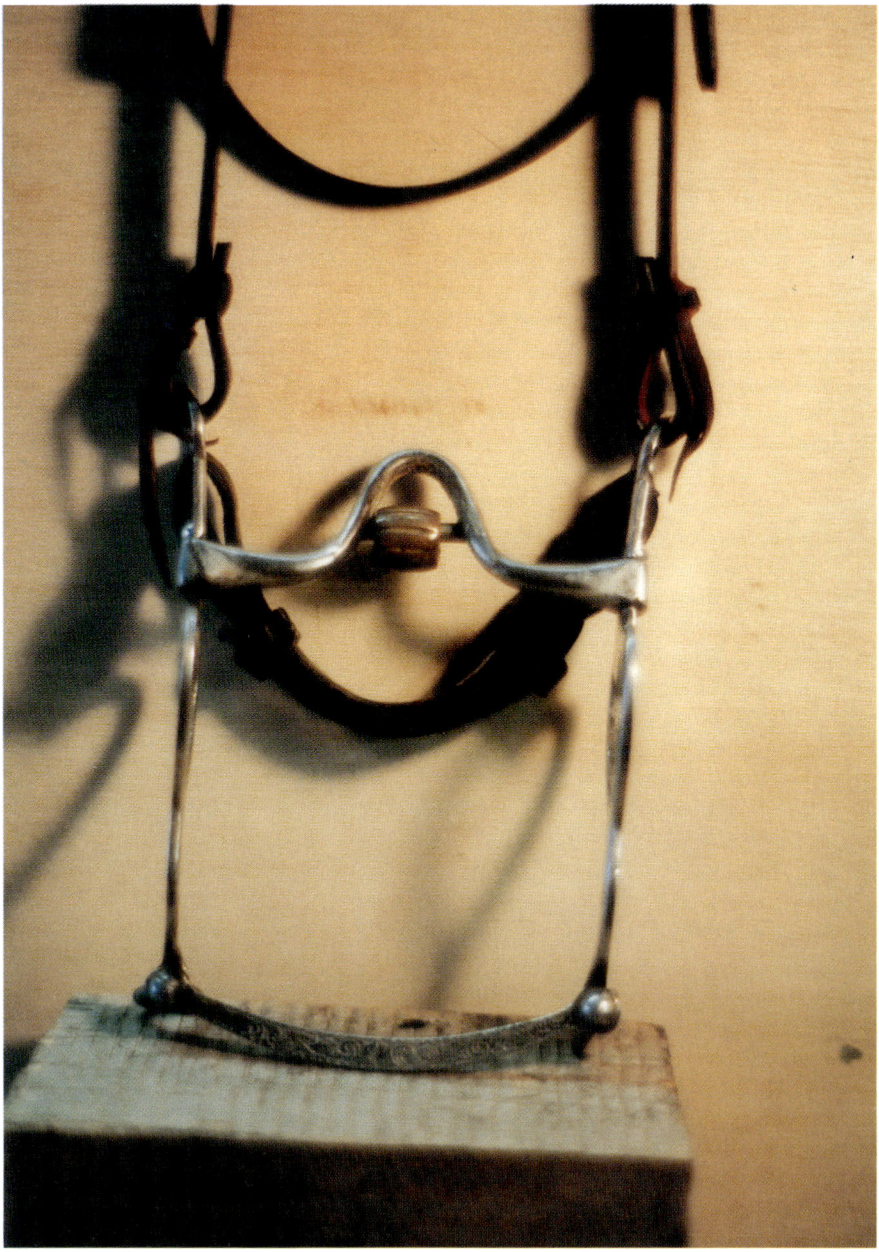

Verschiedene High-Port-Bits.

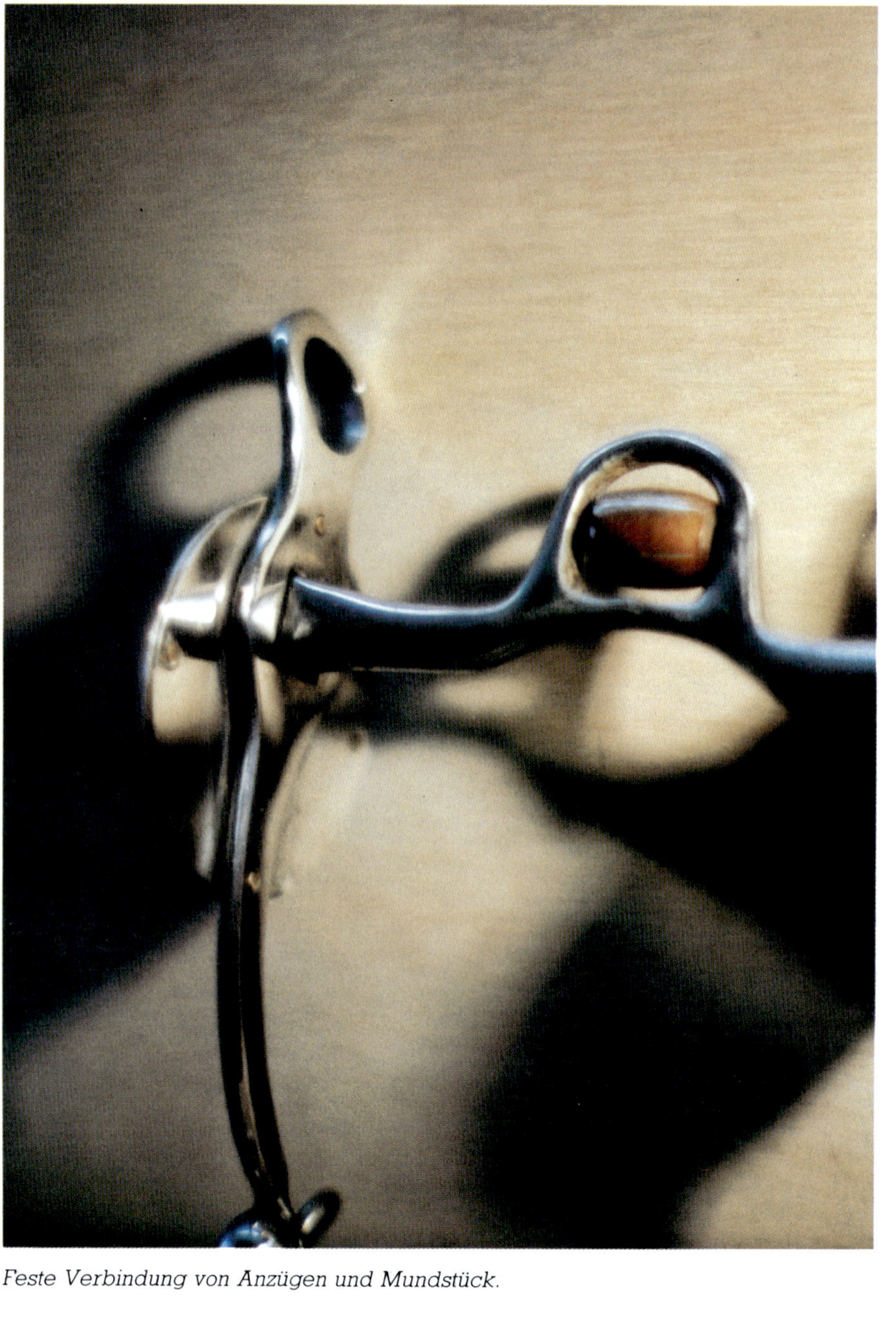

Feste Verbindung von Anzügen und Mundstück.

Lose Verbindung von Anzügen und Mundstück.

Diese Bilder verdeutlichen die Flexibilität eines kalifornischen Gebisses mit losen seitlichen Anzügen.

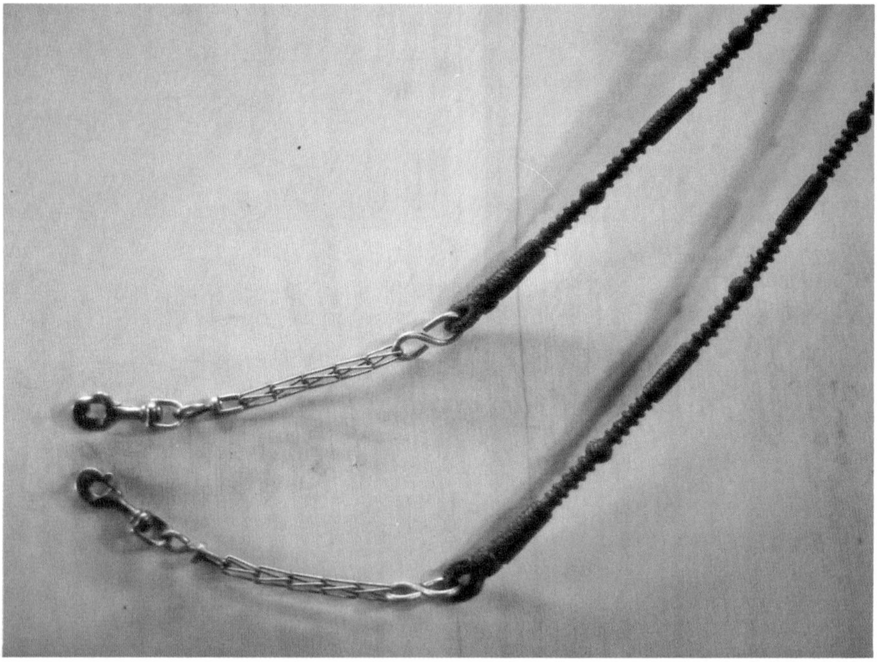

Kalifornische Zügel mit Ketten.

Historischer spanisch-mexikanischer Sporn.

Mexikanische Chihuahua-Sporen.

Kalifornische Sporen.

Moderne Westernsporen.

Die kalifornischen Gebisse

Um die Konzeption und Wirkungsweise der kalifornischen Gebisse besser verständlich zu machen, möchte ich zunächst einige allgemeine Erläuterungen geben.

Die Stangengebisse der Berber und Spanier und die Kandarengebisse, wie sie heute auch in der europäischen Reiterei Verwendung finden, wirken ausschließlich über die Hebelfunktion auf den Unterkiefer des Pferdes. Je mehr der Zügel angenommen wird, um so größer wird der Druck des Gebißstückes auf Zunge und Laden und der Druck der Gebißkette auf die Kinngrube des Unterkiefers. Um diese Zäumung schmerzlos und fein abgestuft zu benutzen, müssen drei Voraussetzungen gegeben sein. Das Pferd muß sich mit flexiblen Halsmuskeln in Beizäumungshaltung „tragen", es muß ein ständiger Zügelkontakt zwischen Pferdemaul und Reiterhand bestehen, und der Reiter sollte eine Zügelhand (oder Hände) anschmiegsam und fein einsetzen.

Ist der Pferdekopf jedoch nach vorn gestreckt und der Zügel durchhängend, so wird ein Annehmen der Zügel zunächst die Seitenteile bewegen.

Auf das eigentliche Mundstück überträgt sich, für das Pferd kaum fühlbar, eine minimale Drehbewegung. Erst, wenn die sich straffende Kinnkette den festen Kontakt zwischen Zügelhand und Pferdemaul durch Zügel und Gebiß herstellt, kommt es für das Pferd fühlbar zu einer Gebißwirkung. Diese Gebißwirkung wird dann ein plötzliches, vielleicht schmerzhaftes, Zusammenpressen von Zunge und Unterkiefer sein. Hierauf wird das Pferd mit Festigkeit im Genick, Verspannung, Kopfschlagen oder ähnlichen Abwehrreaktionen antworten.

Es ist also festzuhalten, daß alle Formen von Stangen und Kandarengebissen, deren bevorzugte Wirkungsweisen auf der Hebelwirkung beruhen, nicht ideal für das Reiten am losen Zügel geeignet sind. Sie bedürfen eines ständigen, leichten Kontaktes zwischen Reiterhand und Pferdemaul.

Das „Spade-Bit"

Die Arbeitsvoraussetzungen des kalifornischen Vaqueros machten es aber notwendig, die Zügellänge ständig zu verändern, bedingt durch die jeweilige Geländebeschaffenheit und die Notwendigkeit, das Wurfseil (Reata) zu handhaben.
Außerdem mußte sich das Pferd bei der Arbeit am Rind ständig strecken oder zusammenziehen, um sich für die rasanten Bewegungsmanöver auszubalancieren.
So entwickelte sich in Kalifornien, und nur dort, eine Zäumung, die ausschließlich auf die Belange der Vaquero-Reiterei abgestimmt war, das Reiten am losen Zügel.
Es ist anzunehmen, daß das Ringgebiß der Berber am Anfang dieser Entwicklung stand. Mit den Spaniern, die es von den Mauren übernommen hatten, kam dieses Gebiß nach Mexiko und Kalifornien. Mit der Zeit wurde es dort verändert und den Bedingungen der kalifornischen Hirtenreitweise angepaßt. Unter der Bezeichnung „Chileno-Bit" findet man auch heute noch hin und wieder diese Gebißform in Gebrauch.
Endprodukt dieser Entwicklung war das ausgeklügelte und fein aufeinander abgestimmte Zäumungssystem des „St. Barbara Spade-Bit" mit Kinnriemen, Zügelketten und schweren, geflochtenen Rohhautzügeln.
Die Gebiß-Zügel-Kombination ist so konzipiert, daß sich die Zügelspannung graduell über verschiedene „Gelenke" aufbaut, bevor die auf den Unterkiefer des Pferdes wirkende Hebelwirkung einsetzt.
Außerdem wirken Zügel, Verbindungsketten und Gebiß mit Kopfstück als Balanceeinheit.
Das Gebiß selbst wiegt etwa 1000 bis 1250 Gramm.
Das Eigengewicht läßt das Gebiß ruhig am Kopfstück hängen. Das Pferd wird motiviert, sich mit seiner Kopfhaltung der Winkelung des Gebißstückes anzupassen. Mit anderen Worten: ein Pferd, welches gelernt hat, in Beizäumungshaltung zu gehen, wird durch ein „Spade-Bit" immer wieder daran „erinnert", diese Haltung beizubehalten, da nur so ein angenehmes Tragen des Gebisses im Maul möglich ist.
Die einzelnen „Gelenke" in diesem Zäumungs-System sind:

1. Zügel mit Verbindungskette zu den Seitenteilen des Gebisses,
2. Verbindungsösen von der Kette zum Gebißseitenteil,
3. lose Verbindung zwischen Gebißseitenteilen und Mundstück.

Die kalifornischen Gebisse dieser Bauart werden deshalb auch ,,Loose jaws Bits'' genannt.
Bevor sich also über den gespannten Zügel eine Einwirkung durch Mundstück und Kinnriemen ergibt, kündigt sich die Gebißeinwirkung frühzeitig für das Pferd fühlbar an Gaumen und Zunge an. Wichtig für die korrekte Wirkung des Spade-Bits wie auch des ,,Salinas'' oder ,,Half-Breed-Bits'' ist die exakte Verschnallung zum Kopfstück in der Höhe sowie die richtige Länge des Kinnriemens. In seinen Abmessungen muß das Gebiß dem Pferd auch genau passen; es darf also weder zu schmal noch zu breit sein oder das Pferd im Maul stören, z. B. durch Anstoßen an Backen- oder Hakenzähne.
Die Wirkungsweise des Spade-Bits bei richtiger Anwendung ist so zu verstehen, daß das Pferd gelernt hat, in der gebißlosen Hackamore-Zäumung alle notwendigen Bewegungsmanöver auf Signale hin auszuführen. Es lernt dann in der Doppelzäumung, das Gebiß zu tragen und die Gebißsignale zu verstehen. In der Gebißzäumung kündigt sich jede Gebißaktion frühzeitig über verschiedene Vorstufen an. So kann sich das Pferd auf die Ausführung der Manöver vorbereiten, es wird niemals durch die Gebißwirkung überrascht. Selbst, wenn sich der Zügel einmal plötzlich straffen sollte, hat das Pferd die Möglichkeit, einem schmerzhaften Einfluß des Gebisses durch frühzeitige Nachgiebigkeit des Unterkiefers zu entgehen.
Es ist also im besonderen die Signalwirkung in abgestufter Form, die ein kalifornisches Gebiß von einer üblichen Stange unterscheidet.
Eine weitere Besonderheit, die die kalifornischen Gebisse von anderen Stangengebissen unterscheidet, ist die Kupferrolle, welche in das Mundstück eingearbeitet ist (Cricket). Diese Kupferrolle hat vor allem die Aufgabe, das Pferd in der Phase der Gewöhnung ans Gebiß zu animieren, mit der Zunge in Form von Leckbewegungen daran zu spielen. Das veranlaßt es nach kurzer Zeit dazu, das Gebißstück, das ja das ganze Pferdemaul ausfüllt, anzunehmen und nicht als Fremdkörper zu empfinden.
Das Pferd lernt also, das Gebiß mit der Zunge aufzunehmen und unter den Gaumen zu drücken. Dieser Vorgang wiederum stabilisiert das Gebiß im Pferdemaul. Erst jetzt ist es möglich, immer gleiche, für das Pferd verständliche Signale ins Maul zu geben. Würde das Pferd das Gebiß nicht aktiv mit dem Maul aufnehmen und stabilisieren, würde das Mundstück bei jeder Bewegung hin und her, auf oder ab schlagen, und somit wäre eine differenzierte Signalwirkung in Frage gestellt.
Das Gebiß selbst ist nun in Kombination mit den Zügeln so ausbalan-

ciert, daß es am komfortabelsten für das Pferd zu tragen ist, wenn es die schon in der Hackamore-Zäumung erworbene flexible Beizäumungshaltung beibehält. Die Kombination aus normalem Eisen (rostend) und Kupfer reizt darüber hinaus die Maulschleimhäute des Pferdes zur Speichelproduktion an. Diese Speichelbildung läßt das Gebiß ,,wie geschmiert'' im Pferdemaul liegen.

Genau betrachtet ist also das kalifornische ,,Spade-Bit'' seiner Konzeption nach ein besonders ausgeklügeltes, pferdefreundliches Gebiß, das bei korrekter Ausbildung des Pferdes und richtiger Anwendung durch den Reiter, diesem ein äußerst fein und differenziert wirkendes Kommunikationsmittel in die Hand gibt.

Das Spade-Bit ist grundsätzlich einhändig zu reiten, wobei beide Zügel ständig gleichlang geführt werden müssen, um ein Verwerfen oder Verkanten des Gebisses, welches schmerzhafte Einwirkung unter dem Gaumen bedeuten würde, zu verhindern. Unsachgemäß gehandhabt kann es allerdings im Maul eines Pferdes wie ein Folterinstrument wirken.

Die Ausbildung eines Pferdes vom Anreiten über die Hackamore, die ,,Two-Rein-Phase'', bis zu dem Zeitpunkt, das es ,,straight up in the Bridle'', also ausschließlich mit dem Spade-Bit zu reiten ist, wird etwa 2½ bis 3 Jahre beanspruchen. Nur bestimmte Pferde sind für diese Form der Ausbildung und schließlich für das Spade-Bit geeignet.

Das Half-Breed-Bit

Dieses Gebiß entstammt, ebenso wie das ,,Spade-Bit'' den alten Zeiten der Vaqueros.

In seiner Wirkungsweise ähnelt das ,,Half-Breed-Bit'' dem ,,Spade-Bit''. Mundstück und Anzüge sind entweder fest oder aber lose miteinander verbunden. Die Gewöhnung an ein ,,Half-Breed-Bit'' erfordert nicht soviel Zeit wie an ein ,,Spade-Bit''. Wenn bei seiner Handhabung aber zu sehr die (Hebel-)Einwirkung auf den Unterkiefer in den Vordergrund tritt, neigt das Pferd dazu, zu überflexen (auch aufrollen oder überzäumen genannt). Dies besonders deshalb, weil Spade- und Half-Breed-Bit keine Zungenfreiheit aufweisen und somit die Zunge vermehrt mit Druck belastet wird. Da beim Half-Breed-Bit der Aufbau am Mundstück nicht die gleiche Höhe und das gleiche Volumen aufweist wie beim Spade-Bit, ist die Gefahr, bei nicht ganz sachgerechter Handhabung, den Gaumen zu schädigen, gegenüber dem Spade-Bit reduziert. Allerdings ist das authentische Half-Breed-Bit in Kalifornien schon seit einigen Jahrzehnten nicht mehr in größerem Umfange in Gebrauch. Wird es benutzt, so gelten im wesentlichen die gleichen Bedingungen wie beim Spade-Bit. Anstelle des Half-Breed-Bits wurde das sogenannte ,,Salinas-Bit'' populär. Die Grundform des Salinas ist dann in den Jahren unzählige Male modifiziert worden, häufig so, daß die ursprüngliche Wirkungsweise verändert oder verfälscht wurde. Ich möchte mich an dieser Stelle auf die Beschreibung des ursprünglichen Salinas-Bits beschränken und im weiteren dann noch einige grundsätzliche Anmerkungen zur Wirkungsweise und deren Veränderung durch diverse Modifikationen vornehmen, ohne jede einzelne Gebißvariante speziell zu besprechen.

Das ,,Salinas-Bit''

Das Salinas stellt grundsätzlich eine Modifikation aus Spade-Bit und Curb-Bit dar. Es vereinigt in sich die Wirkungsweise von Gaumensignal- und Unterkieferhebelwirkung.

Das Salinas hat kein durchgehend gerades Mundstück, sondern es ist zunächst ein Stangengebiß mit besonders hoher Zungenfreiheit. Es ist aber im Gegensatz zum Stangengebiß (Curb-Bit) ein Gebiß mit losen Verbindungen (loose jaws). In die Zungenfreiheit ist eine Kupferrolle eingesetzt, welche entweder mit den Seitenteilen des Mundstücks eine Linie bildet oder etwas höher gesetzt ist und Zungenfreiheit einräumt.

Zum Gaumen hin werden die Rolle und die Zungenfreiheit durch eine Kupferhaube abgedeckt. Je tiefer die Rolle eingesetzt ist, um so stärker ist bei angenommenem Zügel die Einwirkung auf die Zunge. Bei korrekter Handhabung kündigt dieses Gebiß durch die Bewegung des Mundstücks am Gaumen und aufgrund der ,,loose jaws action'' die dann folgende Hebelwirkung auf den Unterkiefer an. Das Salinas wird in aller Regel ebenfalls mit einem Kinnriemen benutzt. Eine regelmäßige Pflege der Kinnriemen (Curb-Straps) mit Sattelseife und Lederfett ist unbedingt notwendig, um das Leder elastisch zu halten. Ausgetrocknete, harte Kinnriemen verursachen Scheuerstellen in der Kinngrube des Pferdes.

Das Spade-Bit, das Half-Breed-Bit und das Salinas sind Gebisse, welche am losen Zügel geführt werden. Sie werden nur über Signalwirkung, über annehmende und nachgebende Einwirkung (pull and slack) richtig eingesetzt, entsprechend ihrer ursprünglichen Konzeption. Jedes Reiten mit Dauerkontakt führt zu einer übermäßigen Druckeinwirkung auf die Zunge, welche das Pferd zum Überzäumen oder Aufsperren des Maules veranlaßt. Die ideale Vorbereitung, auch für das Salinas-Bit, ist die Ausbildung in Hackamore und Two Reins.
Die korrekte Wirkungsweise der hier erwähnten Gebisse ist aber nicht nur von der richtigen Handhabung und der sorgfältigen Grundausbildung des Pferdes abhängig, sondern auch von der sorgfältigen und richtigen Verarbeitung des Gebisses. Das Gebiß muß jeweils die richtige Eigenbalance aufweisen, um im Pferdemaul richtig und ruhig zu liegen. Es muß in seinen Abmessungen proportional korrekt sein und auch dem speziellen Pferd ins Maul passen. Es darf insgesamt nicht zu schmal oder zu breit sein. Auch das Mundstück darf weder gegen die Hakenzähne noch gegen die Backenzähne stoßen. Das Gebiß muß sauber verarbeitet sein, darf also keine scharfen Kanten, Grate oder klemmenden Gelenkteile aufweisen.
Diese Gebisse werden entweder von einigen wenigen Traditionsbetrieben in größerer Auflage oder von erfahrenen Gebißmachern (Bitmaker) als Einzelanfertigung hergestellt. Häufig sind sie dann mit Sterlingsilber in den traditionellen Ausfertigungen hergestellt. Solch ein Gebiß kostet meist ca. 300 bis 1000 US-Dollar, je nach Ausführung. Als Edelstahlausführung ohne Silber sind sie nicht ganz so teuer.

„Roller-Bits“

Leider werden heute Westerngebisse in großem Umfang in Massenproduktion in Korea oder anderen Billigproduktionsländern hergestellt. Man macht das, um zu einem günstigeren Herstellungspreis zu gelangen. Das an sich ist ja nicht unbedingt negativ zu bewerten. Leider werden aber häufig die für die korrekte Wirkungsweise wichtigen Belange bei der Herstellung so vernachlässigt, daß es zu extremen Verfälschungen und Abänderungen kommt. Einhergehend mit einer unsauberen Verarbeitung sind dann solche Produkte allenfalls noch äußerlich einem Kalifornia-Bit ähnlich, aber nur mit größten Bedenken zu verwenden.

In diesem Zusammenhang möchte ich noch einmal auf das schon erwähnte Kupferröllchen (Cricket) zurückkommen.
In letzter Zeit ist zu beobachten, daß es von findigen Westernbitherstellern ungefähr an jedes Gebiß bis hin zur Wassertrense gebaut wird.
Als Argument dient hier, das Pferd zu mehr Maultätigkeit, Zungenaktivität und Speichelfluß anzuregen. Selbst wenn die Kupferrolle bei den verschiedenen Gebissen diese Verhaltensweise hervorrufen würde, produzierte es dort mehr eine unruhige Lage der wesentlich leichteren Gebisse als bei den Kalifornia-Bits.
Ein bedeutender Negativ-Aspekt ist aber, daß dort, wo bei allen Stangengebissen die Zungenfreiheit eingearbeitet ist, bei diesen Machwerken jetzt ein kleines, häufig geriffeltes Rädchen sitzt, welches mit der Zeit in die Pferdezunge ein Loch „hineinarbeitet".
Sind diese Rollen in Wassentrensen eingearbeitet oder in Wassertrensen mit Anzügen (Pelhams oder Snaffle-with-shanks), dann klemmen oder quetschen sie bei der Anwendung des Gebisses die Zunge des Pferdes schmerzhaft ein.
Flache Kupferrollen haben ihren Sinn und können in keiner Weise schaden, wenn sie sich an einem korrekt gearbeiteten, richtig angepaßten und fein angewandten Spade-Bit, Half-Breed oder Salinas-Bit befinden. An jeder anderen Zäumung sind sie meiner Meinung nach „die ursprüngliche Wirkungsweise verfälschender" Unsinn.

Die Wassertrense (Snaffle-Bit)

Die Wassertrense ist ein in Europa hinlänglich bekanntes Gebiß.
Es besteht aus zwei Gebißteilen, welche in der Mitte mit einem Gelenk verbunden sind. Auf jeder Seite endet das Gebißstück an einem runden oder D-förmigen Ring, in den das Kopfstück eingeschnallt wird.
Die Mundstücke können von unterschiedlicher Dicke und Form sein.
Je dünner das Mundstück, um so punktueller wirkt es bei Druck ins Pferdemaul.
Je nach Form der Mundstückteile kommt es zu mehr Druckwirkung auf die Zunge oder auf Lefzen und Laden.
Diese Zäumung macht eine sehr tiefe Handhaltung des Reiters notwendig, um in korrekter Form zu wirken, das Pferd muß in Beizäumungshaltung gehen, soll der Gebißdruck nicht verfälscht werden.

Trägt das Pferd den Kopf oder der Reiter die Hände zu hoch - das zweite bedingt häufig das erste -, dann wirkt das Gebiß durch Aufwärtszug in die Maulspalte. Dadurch werden die Maulwinkel des Pferdes hochgezogen, das Gebiß stößt auch gegen die Backenzähne.

Beides ist für das Pferd schmerzhaft und führt zu Flucht- oder Abwehrreaktionen.

Wassertrensen sind aus unterschiedlichsten Materialien gefertigt. Der Westernreiter benutzt selten nichtrostende Materialien für die Mundstücke seiner Zäumungen. So wird auch ein Snaffle-Bit normalerweise aus Eisen (rostend) sein. Hin und wieder ist ins Mundstück Kupfer eingelegt. Eisen und Kupfer haben eine den Speichelfluß fördernde Reizwirkung auf die Maulschleimhäute.

Bei Mundstücken mit Kupfer, welches weich ist, sollte man sorgfältig darauf achten, daß durch Abnutzung oder Einbiß keine scharfen Kanten oder Grate entstehen. Solche Veränderungen könnten Maulverletzungen zur Folge haben oder das Pferd zu Abwehrreaktionen gegen das Gebiß veranlassen.

Im Bereich des Westernsreitens dient die Wassertrense als Ausbildungszäumung in der Zeit des Anreitens und der Grundausbildung. Sie wird in dieser Zeit mit beidhändiger Zügelführung eingesetzt.

Ihre Handhabung unterscheidet sich im Westerntraining jedoch von der in der europäischen Reiterei üblichen wesentlich. Während man in Europa die Wassertrense mit beständigem Kontakt (Anlehnung) im Pferdemaul wirken läßt, wird sie im Westerntrainung nach der ,,Pull and Slack''-Methode, also durch annehmen und sofortiges nachgeben bei gewünschter Reaktion des Pferdes eingesetzt.

Mit seitlichen Impulsen wird auf eine richtungsweisende Stellung des Pferdekopfes hingewirkt. Später werden die Gebißeinwirkungen im Bereich der Gymnastizierung und Positionierung des Pferdes von Bedeutung sein.

Grundprinzip der Einwirkung mit der Wassertrense ist es, daß Pferd dazu zu erziehen, mit dem Kopf jeglichem Gebißdruck sofort flexibel und ohne Widerstand nachzugeben. Dies sollte nicht mit einer falschen Nachgiebigkeit, dem ,,überzäumen'' bzw. ,,überflexen'' oder mit der ,,Gummihals''-Reaktion verwechselt werden.

Das Snaffle-Bit ist in aller Regel mit einem Lederriemen von der Länge des Gebißstückes versehen, welcher beide Ringe miteinandert verbindet. Dies verhindert bei seitlichen Einwirkungen auf das Gebiß, daß das Mundstück durch das Maul gezogen wird. Außerdem wird durch diese Verbindung bei einseitigem Zügeldruck der gegenüberliegende Gebißring auf die äußere Kopfseite des Pferdes Druck ausüben.

Das Western Pelham (Snaffle-with-Shanks)

Dieses Gebiß soll die Wirkungweise von Wassertrense und Stange miteinander kombinieren. Es hat ein einmal „gebrochenes" Gebißstück und Anzüge, in die ein Kinnriemen oder eine Kinnkette eingeschnallt werden. Die unteren Anzüge weisen zwei Möglichkeiten zum Einschnallen der Zügel auf, einmal als Stangenzäumung mit Hebelwirkung, zum anderen direkt am Mundstück in der Wirkung als Wassertrense. Es können aber auch beide Möglichkeiten genutzt und vier Zügel eingeschnallt werden.
Wann immer diese Zäumung benutzt wird, sollten die Anzüge mit einer Distanzstange verbunden sein. Andernfalls kommt es sehr leicht im Pferdemaul zu einer schmerzhaften Nußknackerwirkung durch das Gebiß.

Die Stangenzäumung (Curb-Bit)

Diese Zäumung hat ein durchgehendes Mundstück mit Zungenfreiheit, welches starr mit den seitlichen Anzügen verbunden ist. Das Gebiß wird mit Kinnkette oder Kinnriemen benutzt und wirkt mit Hebelwirkung auf den Unternkiefer. Werden die Zügel angenommen, spannt sich das Kinnstück und das Mundstück wirkt auf Zunge, Lefzen und Laden. Dadurch wird das Pferd motiviert, im Genick mit dem Kopf vertikal nachzugeben. Voraussetzung dafür ist aber eine entsprechende Losgelassenheit und Elastizität der Halsmuskeln.
Die Stangenzäumung sollte immer einhändig geführt werden, da ansonsten ihre Wirkungsweise verfälscht wird.
Ein einseitiger Zügelzug würde dazu führen, daß sich das Gebiß im Maul verkantet und eine verfälschte Einwirkung produziert.
Die gleiche Fehleinwirkung kommt zustande, wenn beim falsch praktizierten „neckreining", wie man es auch häufig in Westernfilmen zu sehen bekommt, der Zügel über den Hals „gespannt" wird.

Bevor also ein Pferd schonend und korrekt in einer Stangenzäumung geritten werden kann, muß es in ausreichendem Maße eine Grundausbildung in Wassertrense und Doppelzäumung erhalten. Es wird dann vorübergehend einhändig, zur Korrektur alsbald aber wieder beidhändig geritten werden müssen.

Das „Grazer-Bit"

Dieses Gebiß ist in seiner grundsätzlichen Wirkungsweise mit der des Curb-Bits zu vergleichen.
Das Grazer-Bit ermöglicht es dem Pferd, mit dem Gebiß im Maul zu grasen. Dies ist mit den kalifornischen Gebissen nicht möglich, da sich bei ihnen das Gras im Mundstück verfangen würde, auch sind die geraden Anzüge hinderlich.
Das Grazer-Bit hat nach hinten gewinkelte Anzüge und ein einfaches, nicht sehr dickes Mundstück mit wenig Zungenfreiheit. Wegen dieser minimalen Zungenfreiheit wirkt es vermehrt auf die Zunge des Pferdes.
Bei allen Gebissen mit Hebelwirkung ist auf eine korrekte Verschnallung des Kinnriemens oder der Kinnkette zu achten. In keinem Fall sollte der Kinnriemen (Kinnkette) bei angenommenen Zügeln die Mundwinkel des Pferdes einklemmen. Das Gebiß sollte so in der Maulspalte liegen, daß es weder gegen die Haken- oder gar Schneidezähne stößt, noch sollte es die Backenzähne berühren können.
Alle ausschließlich auf Hebelwirkung beruhenden Gebisse sollten mit leichtem Zügelkontakt, und sei es nur durch das Eigengewicht des Zügels, benutzt werden. Willige Nachgiebigkeit des Pferdes im Genick auf jedwede Form von Gebißwirkung, körperliches Gleichgewicht unter dem Reiter sowie „Selbsthaltung", sind notwendige Voraussetzungen für eine pferdegerechte Anwendung dieser Zäumung. Nur eine solide Grundausbildung kann diese Voraussetzungen schaffen.
Viele „Freizeitreiter" und sogenannte „Westernreiter" mißachten oder mißverstehen diese Notwendigkeit. Sie greifen zur Westernstange, um „so was mal auszuprobieren" oder um ihr Pferd besser „halten" zu können. Sie bringen mit ihrem Verhalten seriöses Westernreiten in der Öffentlichkeit nur zu leicht in Verruf.

Western-Pferde, Western-Pferderassen und Exterieur-Anmerkungen zu Western-Pferden

Es gibt verschiedene Pferderassen, die sich für die Western-Reitweise eignen. Den Aktionsbereich des Western-Reitens müssen wir hier wiederum unterteilen in die verschiedenen Betätigungsfelder. Wie schon ausgeführt, kann der Begriff „Western-Reiten" diverse, voneinander getrennte und unabhängige Disziplinen oder Arbeitsmethoden beinhalten. Es kann Herdenarbeit sein, es kann Rodeo-Arbeit oder Rodeo-Sport sein, aber auch Sportreiterei oder Freizeitreiten. Das Spektrum ist weit gefächert.

Für die Ranch- oder Herdenarbeit wurden im Laufe der Jahrhunderte die unterschiedlichsten Pferdearten ausgewählt. Die ersten, also ursprünglichen Western-Pferde, wie schon bekannt aus Spanien eingeführt, zeigten einen deutlichen orientalischen Einschlag. Diese Pferde verwilderten, wie ebenfalls im historischen Hintergrund bereits festgehalten.

Andere Pferderassen, die von den aus dem Osten Amerikas als neue Eroberer eindringenden Menschen mitgebracht wurden, vermischten sich mit den im Südwesten vorgefundenen und existierenden Pferderassen. - Bei den mitgeführten Pferden handelte es sich um Tiere, die im englischen Vollblut stehend zu beurteilen sind, aber auch Arbeitspferde der Gruppe „Kaltblutrassen".

Aus dieser freien Vermischung der unterschiedlichen Pferdetypen und der Vielfalt der Einschläge innerhalb der Rassen gingen Mischrassen hervor. - Noch um die Jahrhundertwende bevorzugten die Rancher, ihren voneinander differierenden Anforderungen entsprechend, auch andersartige Pferdetypen. -

Das ist auch heute noch ähnlich. - Dort, wo weite Strecken zu überwinden sind und in schwierigem Gelände bewegliche und ausdauernde Pferde für solche „Distanzritte" benötigt werden, tendiert man zu leichteren Pferdeschlägen, die höher im Blut stehen. Wenn ruhigere, behäbigere Arbeitsweise gefordert ist, werden vorwiegend schwere Pferdeschläge verwandt.

Man kann sagen, daß im Bereich der Westküste aufgrund der Gegebenheiten immer der Hang zum beweglichen, leichten, flexiblen Pferd vorhanden war, während in Texas, wo die Lassoarbeit mit festgeknüpftem Seil ausgeführt wurde, eher der schwere Pferdetyp bevorzugt wurde.

Die schon einmal kurz angesprochene unterschiedliche Lasso-Anwendungstechnik war ein Grund für diese Selektion. Denn ein Pferd, das einen 2000 Pfund schweren Stier über den Reiter aus vollem Lauf bremsen mußte, bedurfte selbstverständlich einer gewissen Bodenständigkeit und eines entsprechenden Eigengewichts. Damit diese Anforderungen an das Pferd gewährleistet waren, wurden im Mittelwesten und im texanischen Bereich für die Rinderarbeit Zucht-Kaltblutpferde eingekreuzt.

Die Pferderassen, die heute für den Western-Reitbereich eingesetzt werden, sind zunächst jene Pferderassen, die vorzugsweise in den USA zu diesen Zwecken verwandt werden.

Dazu gehören in erster Linie das „Quarter-Horse", das „Paint-Horse" und das „Appaloosa-Horse". Daneben findet man Western-Reitklassen mit „Arabern", solche mit „Morgan-Horses" und den verschiedenen Farbzuchten wie z. B. „Pintos".

Bei uns, im europäischen Umfeld, sind sicherlich einige der Pferderassen, die hier gezüchtet sind, auch im Western-Reitbereich zu verwenden. Einige grundsätzliche Voraussetzungen, die ein hiesiges Pferd für diese Reitweise mitbringen muß, sollen hier im Anschluß genannt werden.

Zum Exterieur eines Western-Pferdes ist folgendes zu sagen: Wenn man ein Pferd zum Western-Reiten aussuchen und einsetzen möchte, muß dabei seine spezifische Befähigung berücksichtigt und geprüft werden.

Ein Western-Pferd sollte nicht zu groß sein, und um eine etwa gültige Größenangabe festzuhalten, sind Pferde mit einem Stockmaß von ca. 1,45 m bis ca. 1,55 m Widerristhöhe gut als Western-Pferde einzusetzen. Pferde, die kleiner oder auch größer sind, haben erfahrungsgemäß Probleme, bzw. der Reiter hat sie mit ihnen innerhalb der verschiedenen Disziplinen des Westernreitens.

Die Körperproportionen des Western-Pferdes sollten ausgewogen sein, das heißt, es sollte weder zu kurz noch zu lang gebaut sein. Man muß an diesen Proportionen und der Bemuskelung, also der gesamten Konstitution sozusagen, „ablesen" können, ob es den vom Reiter erwarteten Anforderungen gewachsen sein wird.

Unter den Gesichtspunkten „Ausgewogenheit" und „Balance" sollte ein Western-Pferd eher die Tendenz haben, die Hinterhand kräftig und stabil einsetzen zu können. Die vordere Partie oder Hälfte des Pferdes sollte dagegen einen leichteren und feineren Eindruck machen. Hier sind speziell die Kopf- und Halsform sowie die Haltung und die Schulterproportionen zu berücksichtigen.

Die Anforderungen, die zunächst an ein Western-Pferd gestellt werden, sind diese: In allen Grundgangarten ohne überflüssige Reiterhilfe in ausgewogenem Gleichgewicht „gehen" zu können.
Ein Pferd, das „vorhandlastig" ist, und zwar aufgrund seines angeborenen Körperbaus, wird diese Erfordernisse nicht erfüllen können.
Die Winkelung der Hinterhand ist ein wichtiges Kriterium bei der Auswahl eines Western-Pferdes, speziell dann, wenn es zu Stop- und Wendeübungen herangezogen werden soll. Hierzu muß das Pferd eine lange, schräge und gut bemuskelte Kruppe aufweisen, es muß tiefe, bodennahe Sprung- und Karpalgelenke haben und insgesamt über ein stabiles Fundament verfügen. Das bedeutet jedoch nicht, daß es grob oder gar schwerfällig sein darf. Eine gute Sattellage mit einem ausgeprägten Widerrist sind ebenfalls Merkmale für ein gutes Westernpferd. Ein Pferd mit extremen Verstellungen der Gliedmaßen sollte man nach Möglichkeit nicht in Erwägung ziehen, und das ist eine Grundregel für alle Reitbereiche, somit auch für den Western-Reitbereich.
Im folgenden sollen noch einmal die drei grundsätzlichen Einsatzbereiche von Western-Pferden im Zusammenhang mit dem notwendigen Exterieur skizziert werden.
Western-Pferde, die für die praktische Rinderarbeit eingesetzt werden sollen, und das kommt in Europa fast ausschließlich in den Sport-Disziplinen vor, sind ganz besonderen Leistungsanforderungen ausgesetzt. Das betrifft die Muskelaktivität, die Belastungsfähigkeit der Gelenke und der Sehnen. Hier können nur Pferde mit den besten Voraussetzungen gewählt und eingesetzt werden, sie müssen also eine ideale Kombination von Exterieur und Interieur aufweisen. Es müssen folglich Pferde sein, die sich durch Belastungsfähigkeit, Gesundheit, korrektes Gebäude und hervorragende Bemuskelung auszeichnen. Die Winkelung der Beine in der „richtigen", den Anforderungen entsprechenden Form, für die harten Stops und rasanten Runs unabdingbar notwendig, müssen solche Pferde ebenfalls besitzen, um für die geforderte Leistung prädestiniert zu sein.
Darüber hinaus müssen solche Pferde Arbeitswillen und die nötige Ruhe und Konzentrationsfähigkeit, also über den „Pferdeverstand" abzurufende Fähigkeiten, mitbringen. Geistige Regsamkeit zur eigenständigen Mitarbeit innerhalb der jeweiligen Arbeitsbereiche ist darum ebenfalls eine Grundvoraussetzung, die an Pferde, die dort Höchstleistungen zeigen sollen, gestellt werden muß.
In den Rinderdisziplinen erwartet man von Pferden den „Cow-

Sense". Das bedeutet in der Interpretation des Begriffes: Das Pferd muß die Fähigkeit haben, seine Aufgabe zu erkennen, um auf die Bewegungen eines Rindes zu reagieren und die Kontrolle zu gewinnen.

Bei den Anforderungen an ein Western-Sportpferd muß man die spezielle Zielsetzung in den einzelnen Western-Sportarten berücksichtigen. Zu den Anforderungskriterien gehören die Weichheit und die Elastizität der Bewegungsabläufe, wie sie in der „Western-Pleasure" erwartet werden. Ähnlich sind auch die Anforderungen beim „Western-Riding". Ein Pferd, das in dieser Klasse vorgestellt und präsentiert werden soll, ist nur dann gut geeignet, wenn es seiner „Natur" entsprechend mit fliegenden Wechseln keine großen Probleme hat.

Ein „Reining-Pferd" muß für die in dieser Disziplin geforderten Leistungen über die dem gemäße Bemuskelung und die Winkelungen der Extremitäten verfügen, wie sie vorher bereits genannt worden sind. Auch in der psychischen Belastbarkeit ist eine bestimmte Basis die Voraussetzung.

Das „Trail-Pferd" wird vor allen Dingen an seiner ruhigen, gelassenen und aufmerksamen Mitarbeit gemessen. Bei diesem Pferd sind vordergründig nicht so sehr seine Exterieurmerkmale zu berücksichtigen, sondern die psychischen Eigenschaften und die daraus zu entwickelnden Leistungsfähigkeiten.

Western-Freizeitpferde, also jene Pferde, die dem „Spazierenreiten" unter Western-Ausrüstung dienen sollen, werden aus den unterschiedlichsten Rassen eingesetzt.

Sie zeigen auch die unterschiedlichsten Exterieurmerkmale auf. Hier sind grundsätzlich die üblichen reiterlichen Anforderungen zu berücksichtigen.

Zum Abschluß dieses Kapitels soll einmal betont werden, daß immer wieder von Außenstehenden oder auch „Nicht-Reitern" die Zuverlässigkeit, die Ruhe, die Gelassenheit und der Gehorsam der „Western-Pferde" bewundert und bemerkt wird. Häufig schreibt man das den verschiedenen Rassen zu.

Aus meiner Erfahrung kann ich allerdings sagen, daß diese Verhaltensweisen der Pferde ein „Produkt" der Western-Pferdeausbildung sind, die sich prinzipiell auf jede Pferderasse übertragen lassen.

Trainingsvoraussetzungen

Longier-, Reit- und Ausbildungsplätze

Wer sich mit dem Gedanken trägt, sein Pferd sinnvoll und methodisch auszubilden, und zwar auf der Basis des Western-Reitens, sollte gewisse Trainingsvoraussetzungen haben.

Als hilfreicher „Arbeitsplatz" mit dem Pferd sollte ein runder, optisch begrenzter Bereich vorhanden sein, und zwar sowohl für die Ausbildung des Pferdes zum Turnierpferd als auch für das Freizeit-Reiten. Solch ein Platz ist ideal als Longierplatz und ebenso ideal als Zureitplatz geeignet und zu nutzen.

Der Durchmesser solcher „Corrals" oder Reitplätze müßte als Minimum einen Durchmesser von 15 Metern haben und eine stabile Einzäunung, die hoch genug ist, um ein Ausbrechen des Pferdes zu verhindern. In der Regel bedeutet das eine Höhe von etwa 1,75 m bis 1,80 m. Fünf oder mehr Querstreben bzw. Seitenstangen sind optimal, damit ein Durchschlüpfen des Pferdes verhindert werden kann, nicht einmal mit Kopf oder Hals sollte das möglich sein.

In einem solchen, auch von den Bodenverhältnissen her vorbereiteten Platz, kann man ein Pferd problemlos anlongieren. Es hat dort von vornherein keine Möglichkeiten und „lernt" es somit auch nicht, dem Ausbilder oder Trainer „aus der Hand" zu laufen, „ auf das Gebiß zu drücken", auf die „äußere Schulter zu fallen" oder andere Unarten zu programmieren. Es ist auch problemlos, es mit der Longierpeitsche am äußeren Zaunrand zu halten. Dadurch läßt sich gut verhindern, daß das Pferd spontan auf den Ausbilder zukommt. Die Konzentration des Pferdes wird gefördert und die Kontrolle über das Tier ist in einem solchen Rundplatz besonders günstig, selbst bei späterem Verzicht auf die Longe. - Wer ein Pferd in der „Hackamore" Zäumung ausbilden will, sollte auf jeden Fall über einen Ausbildungsplatz, wie hier beschrieben, verfügen.

Weiterhin sind auch andere Ausbildungsplätze nützlich und zweckdienlich. Ein rechteckiger Reitplatz von ca. 20 mal 40 Metern ist sicherlich eine ideale Voraussetzung. Wer allerdings sein Pferd für eine Reining-Disziplin ausbilden möchte, sollte eine Arena benutzen können, die länger als 40 Meter ist. Ideal ist ein Terrain mit einer Länge von etwa 80 Metern.

Für die Trail-Ausbildung eines Pferdes ist es wünschenswert, wenn man einen Platz mit unterschiedlichen, für diese Disziplin geforder-

ten Hindernissen nutzen kann oder selbst anlegt. Die Einzäunung muß auch hier, wie generell für alle Übungsplätze, stabil und sicher sein.
Über die ideale Bodenbeschaffenheit von Trainingsplätzen gehen die Meinungen zum Teil auseinander. In einem Corral, in dem Pferde gehobbelt, ausgesackt und angeritten werden sollen, sollte meiner Meinung nach weicher, tiefer und loser Boden sein, um Verletzungen, etwa bei Stürzen, auszuschließen.
Im weiteren Training der Grundausbildung sollte der Boden nicht zu tief sein, um frühzeitiges Ermüden der Pferde zu vermeiden.
Andererseits ist für stürmische Pferde Galopparbeit auf dem Zirkel in tiefem Boden meist ein nützliches Verfahren.
Für das Training eines Reining-Pferdes, speziell für Sliding-Stops, sollte der Boden niemals zu tief oder schwer sein, sondern locker an der Oberfläche und hart im Untergrund.
Ideal ist es, wenn Trainingsplätze mit Bodenverhältnissen für jeden Zweck vorhanden sind.

Praktische Pferdepsychologie

Pferdeverhalten

Menschen, die in ihrem täglichen Alltag mit Pferden leben oder von Kindesbeinen an mit Pferden aufwuchsen, werden den Umgang mit den Tieren als einen Bestandteil ihres Lebens empfinden. Die überlieferten Erfahrungen früherer Generationen werden ihnen zugute kommen. Für sie ist also das Pferdeverhalten eine selbst beobachtete und erfahrene Erkenntnis. Wer solche Vorzüge im Umgang mit Tieren genossen hat oder täglich genießt und diese bewußt umzusetzen vermag, wird grundsätzlich wenig Schwierigkeiten in Sachen Verständigung mit der Kreatur, in unserem Fall mit dem Pferd, haben.
Im heutigen Freizeit-Reitbereich, dem viele Menschen ohne solche günstigen Voraussetzungen nachgehen, kann von vielen Pferdebesitzern ein solches Einfühlungsvermögen nicht ohne weiteres erbracht werden.
Die natürliche Beziehung zum Tier, das natürliche, artgerechte Verständnis ist ihnen aufgrund ihres, dem „Landleben" nicht vertrauten Aufwachsens, vorenthalten.

Die größten Mißverständnisse im Umgang mit Tieren resultieren aber aus der Unkenntnis dessen, was im Bereich des „natürlichen" Verhaltens einer Art, hier speziell der Pferde, zu erwarten und zu berücksichtigen ist.
Daß das Western-Reiten ursprünglich eine Arbeits- und Gebrauchsreiterei war, ist in den vorangegangenen Texten und Themen bereits hinlänglich erklärt worden. - Das schloß den täglichen Umgang mit Tieren und die Überlieferung von Erfahrungen ein. Wer also mit einem Pferd umzugehen oder zu arbeiten hatte, mußte das entsprechende Verständnis für die natürlichen Verhaltensweisen in den Tagesablauf mit einbeziehen. Dadurch kam es selten zu Mißverständnissen.
In unserer inzwischen überwiegend „zivilisierten" Welt befindet sich das Pferd sozusagen in einer Ausnahmesituation. Aus dieser Ausnahmesituation ergeben sich auch die meisten Probleme.
Aus dem schon erwähnten Mangel an Verständnis für die natürlichen Verhaltensweisen der Pferde werden die Tiere den menschlichen Anforderungen und „Launen", bedingt durch das Tagesgeschehen und die menschlichen Konflikte, häufig Situationen ausgesetzt, die man ganz deutlich für das Pferd als „ungerecht" bezeichnen muß. Ein Tier zu vermenschlichen und ihm menschliche Verhaltensweisen abzuverlangen, ist ein schwerwiegender Fehler. Es kann nicht wie ein Mensch fühlen, handeln, reagieren und empfinden. Das gilt insbesondere auch für Pferde.
Das Pferd ist von seinem Wesen und seinen Ursprüngen her ein Herdentier, ein Weidetier und ein Fluchttier. Wenn wir uns ein Pferd „unterordnen", es also nutzen und reiten wollen, müssen wir es in seinen Bewegungen kontrollieren können. Das heißt, daß sich das Pferd den Wünschen und Vorstellungen des Menschen, sprich Reiters, anpassen muß und seine Forderungen zu erfüllen hat.
Hierzulande gilt das Reiten als eine der gefährlichsten Sportarten, in der die meisten und schwerwiegendsten Unfälle geschehen. Nicht etwa die Vorstellung, das Pferd sei ein „reißendes Raubtier" ist der Grund für solche massiv auftretenden Unfälle, sondern der Fluchtinstinkt der Pferde wird meistens nicht richtig berücksichtigt, einkalkuliert und bezüglich der Kontrolle eingeordnet. Auch das Verhalten des Pferdes als Herdentier wird häufig nicht ausreichend berücksichtigt.
Bei der Western-Ausbildung wird deshalb auch auf diesen wichtigen Gesichtspunkt großer Wert gelegt.
Wenn man also von seinem Pferd Gehorsam verlangt und erwartet,

daß es den menschlichen Anweisungen mühelos Folge leistet, darf der Reiter es nicht versäumen, das Rangordnungsverhalten zu berücksichtigen. Er muß sich dem Pferd als „Leittier", als „Alphatier" präsentieren, sonst wird es zu Mißverständnissen und schwerwiegenden Fehlverhaltensweisen kommen.
Auch die Tatsache, daß Pferde als Steppengänger Weidetiere sind, findet heute im Umgang mit ihnen viel zu wenig Berücksichtigung. Das Bewegungsbedürfnis kommt häufig zu kurz und beeinflußt folglich den gesamten Haltungsbereich. Haltungsfehler wiederum können bei Pferden psychische und physische Erkrankungen hervorrufen, Verhaltensstörungen nach sich ziehen und negative Aspekte in die Beziehung Mensch/Pferd einbringen. - Das soll im nachfolgenden Teil noch intensiver verdeutlicht werden.

Das Pferd als Weidetier

Die ursprüngliche Situation in diesem Bereich läßt sich etwa so aufzeichnen: Das Pferd war von der Natur im Laufe seiner langen Entwicklungsgeschichte so konzipiert, durch ständige Wanderung im Schritt über weite Flächen Nahrung in Form von Gras und Pflanzen vom Boden aufzunehmen.
Frei lebende Pferde verbrachten also den größten Teil ihrer Wanderzüge damit, beständig kleinere Mengen an Futter abzugrasen. Das bedeutete, daß sich ein solches Pferd zu 90% innerhalb seiner gesamten möglichen Bewegungsabläufe im Schritt befand. Aus dieser naturgemäßen Verhaltens- und Gewohnheitsweise ist es nach wie vor ein Bedürfnis der Pferde, weite Flächen zur Verfügung zu haben oder sich zumindest ständig bewegen zu können.
Wird nun den Pferden durch eine falsche, diesem Bewegungsdrang nicht entsprechende Haltung solche Möglichkeit genommen, kann das schwerwiegende Folgen haben. - Das heißt in aller Deutlichkeit: Pferde, die 23 Stunden und mehr in Boxen von manchmal nur 3×3 m zubringen müssen, also Tag und Nacht, mit geringfügigen Unterbrechungen, in denen dann möglicherweise Höchstleistungen von ihnen verlangt werden, können ihren natürlichen Bewegungsdrang nicht befriedigen. Da kommt es dann zwangsläufig zu „Ersatzhandlungen" und Fehlverhaltensweisen, die vom Menschen als Unarten gedeutet und dementsprechend „diszipliniert" werden. Zu solchem Fehlverhalten aus Menschensicht gehören zum Beispiel das „Kop-

pen" oder das „Weben", unkoordinierte und ungewöhnliche Zungenspielereien und -verrenkungen, Lippenschlagen und Abreaktionen durch scheinbar unmotiviertes Schlagen an die Boxenwände und dergleichen mehr.
Häufig werde ich gefragt, welche Hilfsmittel es gibt oder welche Möglichkeiten und Methoden man hat, solche Fehlverhaltensweisen zu verhindern oder zu unterbinden. Wer solche Fragen stellt, hat von vornherein nicht berücksichtigt, daß die Ursache eben beinahe grundsätzlich in dem geschilderten Mangel an Bewegung, und zwar „natürlicher" Bewegung, liegt. Wenn der als Verursacher der bemängelten Verhaltensstörungen erkannte Zustand also nicht geändert wird, kann auch keine Beseitigung erwartet werden. Die Verhaltensstörungen sind vielleicht vorübergehend im wahrsten Sinne des Wortes zu „unterdrücken", aber in dieser Form geschädigte Pferde werden in kurzer Zeit, sozusagen als „Ersatzhandlung", neue Fehlverhaltensweisen entwickeln und sich angewöhnen.
Weitere Probleme und negative Folgen im Verhalten von Pferden, die gesundheitlich bedingt sind, ergeben sich häufig aus falscher oder unzureichender, aber auch aus Über-Ernährung.
Über die natürliche Nahrungsaufnahme in kleinen Mengen über einen entsprechenden Zeitraum pro Tag ist schon gesprochen worden. Auf diese Art der Nahrungsaufnahme ist auch der gesamte Verdauungsapparat ausgerichtet. - Wenn nun aber durch die „moderne" Pferdehaltung der Nahrungsaufnahme-Rhythmus gestört wird, und zwar durch eine häufig nur zweimal am Tage, also innerhalb 24 Stunden stattfindende, ein größeres Mengenangebot umfassende Fütterung, kann das zu Problemen führen.
Große Mengen in zu kurzer Zeit zu vertilgen, verursacht bei vielen Pferden eventuell Koliken, die zu den häufigsten tödlichen Erkrankungen zählen.
Weitere und zusätzliche Schwierigkeiten aus einer nicht „artgerechten" Pferdehaltung resultieren aus dem Mangel an Möglichkeiten, das Sozialverhalten des einzelnen Tieres innerhalb einer Herde oder zumindest mit anderen Artgenossen auszuleben bzw. festzulegen und aufbauen zu können.
Wie schon erwähnt, leben Pferde bei ausschließlicher Boxenhaltung mit einem Überangebot an Energiefutter und mit einem Defizit an natürlicher Bewegung und Kontakt mit Artgenossen.
Wann immer ein so gehaltenes Pferd aus seiner „Gefängnissituation" befreit wird, ist dieses Überangebot an „Temperament" vom Reiter häufig nicht mehr kontrollierbar, und aufgrund solcher Zu-

sammenhänge ergibt sich dann eine Eskalation aus falscher Pferdehaltung und explosivem Bewegungsdrang, aus dem Instinktverhalten verständlich. Die daraus resultierenden Mißverständnisse zwischen Pferd und Reiter führen dann häufig zu Problemen.
Kurz und präzise zusammengefaßt: Unbefriedigter Bewegungsdrang und falsche Ernährung sowie Mangel an Kontakt mit Artgenossen zum Ausbau des Sozialgefüges wirken sich sowohl psychisch als auch physisch negativ auf die Pferde aus.
Für Menschen wird es sich dabei immer um „Problempferde" handeln. Der Mensch als der „Erzeuger" solcher Problempferde sollte also ein Interesse, besser noch eine Verpflichtung darin sehen, eine „vernünftige" Pferdehaltung zu betreiben, um auch einen erquicklichen Umgang mit den Tieren pflegen zu können.

Fluchtinstinkt des Pferdes

Das Pferd als friedliches Weidetier, in seinem natürlichen Verhalten defensiv in der Evolutionsgeschichte entwickelt, war aus diesem Grunde dahingehend „programmiert", daß es im Herdenverband bei jedweder drohenden Gefahr die Flucht zu ergreifen hat. Der Selbsterhaltungstrieb perfektionierte dieses Fluchtverhalten so weit, daß nicht unbedingt eine konkrete, lebensbedrohende Gefahr bestehen mußte, sondern schon bei der geringsten „Vermutung" einer Bedrohung oder Gefahr, einer gefährlichen Situation also, der Fluchtreflex ausgelöst wurde. - Mit anderen Worten: Jede vom Menschen als unbedeutend erkannte Veränderungssituation kann dem Pferd „Gefahr" signalisieren und den Fluchtinstinkt aktivieren. Sogar ein normalerweise ruhiges, nicht zu Panikhandlungen neigendes Pferd kann im Herdenverband durch ein anderes Pferd zur Flucht verleitet werden. Es muß also immer bedacht werden, daß dieser Fluchtinstinkt jederzeit innerhalb einer Herde wachgerufen werden kann.
In der überschaubaren Steppe, dem ursprünglichen Lebensraum der Pferde, konnte durch dieses Massen-Fluchtverhalten die Lebensgefahr für das einzelne Tier auf ein Minimum reduziert werden. Wenn eine der drohenden Gefahr entsprechende Distanz zurückgelegt war, fanden die Pferde wieder zu ihrer ruhigen schreitenden Grasungsphase zurück.

In der heutigen Form der Pferdehaltung hat sich das Tier in vom Menschen geregelten Bahnen zu bewegen. Jegliches willkürliche oder instinktive Fluchtverhalten ist dabei unerwünscht und gefährlich für den Reiter und sein Pferd sowie die Umgebung, in der sich beide befinden. - Um diesen Fluchtinstinkt zu unterbinden und unter Kontrolle zu bringen, muß man sich also zunächst das dazu nötige Wissen aneignen.

Die Sehfähigkeit der Pferde spielt insofern eine wichtige Rolle, da die optischen Wahrnehmungen für das Pferd überwiegen.

Die Augen des Pferdes sind so ausgestattet, daß sie auch in weiter Entfernung rundum Veränderungen und Bewegungen wahrnehmen können. Scharf konturierte Objekte sind folglich auch aus dieser Distanz für das Pferd zu registrieren, wenn es seinen Kopf in die der Wahrnehmung entsprechende Richtung hält. Nicht der Augapfel ist für eine besondere Rotation oder Beweglichkeit konzipiert, sondern die Kopfhaltung ermöglicht ein solches Scharfsehen.

Im Nahbereich ist diese Scharfsichtigkeit für außergewöhnliche Konturen besonders ausgeprägt. Bei Entfernungen ab ca. 1,5 m verschwimmen die Konturen und das Pferd kann nur noch schemenhaft sehen. In flächigem, bis zum Horizont überschaubarem Gelände wird dann die Scharfsichtigkeit wieder auf große Entfernungen „eingestellt".

Im direkten Umfeld des Pferdes ab ca. 1,5 m ist die Sehfähigkeit also beeinträchtigt. Das Pferd registriert nur Licht-Schatten-Situationen und grobe Konturen werden von ihm erkannt. Weil in diesem Bereich nicht alle optischen Wahrnehmungen exakt vom Pferd gedeutet werden können, ist dieses auch die Zone, in der es am ehesten dazu neigt, die Flucht zu ergreifen, wenn Angstgefühle bei ihm aufkommen. Erst dann, wenn es das scheinbar bedrohliche „Objekt" als ungefährlich einzustufen vermag, wird es seine Flucht einstellen oder gar nicht erst antreten.

An dieser Stelle soll der „Auslösungsmechanismus" zum Fluchtverhalten näher erklärt werden.

Jedwede Wahrnehmungen aktivieren zunächst die Sinnesorgane eines Pferdes. Dieses Wahrnehmungsvermögen ist über Generationen stabilisiert, weil es für die Arterhaltung notwendig war. Alle mit Gefahr assoziierten Situationen lösen somit fast „reflexartig" den Fluchttrieb aus, um der Bedrohung zu entkommen. Kann es sich in einer solchen Angstsituation nicht frei bewegen, gerät es häufig in Panik. Eine derartige Eskalation innerhalb des Fluchtverhaltens tritt bei den meisten Pferden auch dann ein, wenn sie sich zwar frei der

Gefahr entziehen können, aber weiterhin das Gefühl des Verfolgtwerdens haben.
Ein in Panik geratenes Pferd ist nicht mehr in der Lage, „rational" auf Umwelteinflüsse oder Signaleinwirkungen des Reiters zu reagieren. Es mobilisiert automatisch alle verfügbaren Kraftreserven und wird für Schmerzempfindungen absolut „abgeschaltet".
Das wichtigste Anliegen eines jeden Reiters war es deshalb, innerhalb der Gebrauchsreiterei diesen Fluchtinstinkt zu reduzieren und zu kontrollieren. - Das sollte auch für die heutige gesamte Reiter-Szene gelten.
Um diese Kontrollfunktion als Reiter ausüben zu können, muß er wissen, daß jedes Pferd über ein „Situations-Gedächtnis" verfügt, sozusagen einen „Speicher", der erfahrungsgemäß alle irgendwann als bedrohlich empfundenen Geländebereiche oder Veränderungen darin eingeordnet hat. Nimmt es eine ähnliche undefinierbare Scheingefahr wahr, wird es, entsprechend seines Programms, in Sachen Verhalten reagieren.
Den meisten Menschen fällt es schwer, diese Wahrnehmungs- und Empfindungsprozesse des „Pferdehirns" nachzuvollziehen, und darin liegt dann auch am häufigsten eine Begründung für Mißverständnisse zwischen Pferden und Menschen.
Es gibt jedoch Möglichkeiten, diesen Fluchtinstinkt der Pferde zu beeinflussen, zu korrigieren und zu kontrollieren. Dazu ist zunächst die Kenntnis der Rangordnungen innerhalb einer Herde notwendig. Nur das Leittier, das Alphatier, ist prädestiniert, der Herde bei drohender Gefahr das Signal zur Flucht zu geben. Das heißt, nur ein ranghöheres bzw. die ranghöchsten Tiere einer Herde werden ein untergeordnetes Tier zur Flucht animieren können, auch wenn es eine Situation für *sich* als beängstigend empfindet. Falls es dennoch zu fliehen versucht, kann es geschehen, daß es vom Leittier an der Flucht gehindert und der Herde wieder zugeordnet wird.
Diese Erkenntnisse über die Rangordnungen und die daraus resultierenden Verhaltensweisen muß der Mensch sich bewußt zunutze machen, um daraus Konsequenzen zur Kontrolle seines Reitpferdes zu entwickeln.

Rangordnung innerhalb des Herdenverbandes

Daß innerhalb eines Herdenverbandes, sei er nun klein oder groß, klar abgegrenzte Rangordnungssysteme herrschen, ist bereits gesagt worden. Daß diese Rangordnung allerdings jeweils ,,erkämpft'' werden muß, bedarf der besonderen Beachtung. Aus solchen Machtkämpfen bewährt hervorgegangene Tiere sind die sogenannten ,,Alphatiere''. ,,Betatiere'', also diejenigen, die im Herdenverband eine untergeordnete Rolle spielen, werden dem Leittier gehorchen bzw. folgen und ihr mögliches Fluchtverhalten einstellen, wenn das Leittier Entwarnungssignale bei einer Gefahrensituation zeigt. – Die Deklarierung ,,Alphatier'' und ,,Betatier'' hat man nach der Reihenfolge der Buchstaben des griechischen Alphabetes vorgenommen.

Erfahrungsgemäß ist eine ältere Stute das Leittier der Herde. Das bedeutet in diesem Zusammenhang, daß eine zum Leittier avancierte Stute für ihre Aufgabe die meisten und zweckdienlichsten Lebenserfahrungen aus Pferdesicht gesammelt hat.

Der Hengst, oder bei mehreren Hengsten innerhalb eines Herdenverbandes der Leithengst, hat nicht diese ausgeprägte Leittierfunktion wie die Leitstute. Das wird oft jedoch allgemein angenommen. Dem Hengst einer Herde fallen mehr die Abwehr- und Verteidigungspflichten zu.

Wenn man Herdenverbände domestizierter Pferde in unseren Bereichen beobachtet, kann man häufig feststellen, daß nicht unbedingt die körperlich stärksten Tiere die Führungsaufgabe erfüllen. Vielmehr findet man in dieser Position Tiere, welche durch eine starke Persönlichkeit und Eigenwilligkeit gekennzeichnet sind. Meist verfügen sie über einen großen Erfahrungsschatz und es sind somit oft ältere Tiere, die die Position des Leittieres einnehmen.

Die Rangordnungsplazierung richtet sich also nicht unbedingt nach den körperlichen Kräfteverhältnissen, sondern vielmehr nach der Intelligenz und der Fähigkeit, sich neuen Situationen anzupassen.

Über die Rangordnung in Pferdeherden und das Verhalten von Pferden im allgemeinen sind umfangreiche Artikel in allen Medien erschienen. Teilweise sind darüber auch Bücher geschrieben worden. Es würde den Rahmen dieses Buches sprengen, wollte man auf alle Details umfassend eingehen. Deshalb will ich mich hier auf die wesentlichen und aus meiner Sicht wichtigsten Dinge zum Thema beschränken, die zum Ausbilden von Pferden, zum Umgang mit Pferden und zum Reiten von Pferden gehören.

Jedes Pferd wird von Natur aus seinen Platz innerhalb einer Rangordnung suchen und einnehmen. Es wird dieses Rangordnungssystem auf Pferde übertragen wie auch auf andere Lebewesen, in deren ständiger Gesellschaft es sich befindet. Es wird also, wenn es vom Menschen gehalten wird, das Rangordnungssystem auch auf diesen übertragen. Es ist deshalb absolut wichtig, daß auch der Mensch, der mit Pferden umgeht, sich dieser Situation bewußt ist.

Wozu dient nun das Rangordnungssystem einer Herde?

Es regelt zunächst den täglichen Ablauf, das Zusammenleben, das reibungslose Miteinander einer Herde, wie die Gesetze, die wir Menschen uns geschaffen haben, unser Leben regeln.
Die Gesetze der Herde sind simpel. Vor allem aber sind sie konsequent. Eine Kompromißbereitschaft, wie sie bei uns Menschen üblich ist oder anerzogen praktiziert wird, wird man bei Pferden nicht finden. Die Verhaltensregeln sind klar und deutlich. Jedes Pferd wird seinen Rangordnungsplatz unmißverständlich und kompromißlos verteidigen und darauf beharren. Dieser Rangordnungsplatz wird auch durch den Einsatz von Körperkraft verteidigt. Besonders dann, wenn es um Nahrungsaufnahme, Wasseraufnahme, also generell um „Futter" geht, und im Bereich des Sexualverhaltens werden die Rangordnungskämpfe besonders heftig ausgetragen und sind dort zu beobachten.
Fazit: Immer dann, wenn ein Pferd den angenehmen Dingen eines Pferdelebens entgegenstrebt, wird es von seiner Rangordnungsposition Gebrauch machen und diese verteidigen.
Das geschilderte Rangordnungssystem ist prinzipiell unveränderlich und stabil. Auch die Veränderungen innerhalb dieses Systems sind relativ selten zu registrieren. Nur in den untersten Rängen wird es hin und wieder Verschiebungen geben. Die Rangordnung sorgt also für ein recht friedvolles und harmonisches Zusammenleben der Herde insgesamt, ohne daß es bei jedem kleinen oder größeren Anlaß zu grundsätzlichen Auseinandersetzungen kommen muß.
Wenn die Rangordnung erst einmal hergestellt ist, hat sie eine dauerhafte Gültigkeit und wird auch von den Betatieren respektiert. Ausnahmen innerhalb dieses Rangordnungssystems bildet das Rangordnungsverhalten der männlichen Tiere mit Beginn der Geschlechtsreife. Hier werden ständig Rangpositionen zwischen Alpha- und Betatieren im Kampf neu bestimmt. Solche Rangordnungs-

kämpfe sind dann allerdings nur zu den Paarungszeiten deutlich ausgeprägt und wahrnehmbar.
Zusammengefaßt gilt also die Erkenntnis: Die Rangordnung innerhalb einer Herde sorgt täglich 24 Stunden lang für einen reibungslosen und friedlichen Herdenalltag. Nur hin und wieder wird ein Beobachter überhaupt an spezifischen Verhaltensweisen die Rangordnung erkennen können.
Es ist festzustellen, daß in Bereichen, in denen die Rangordnungsposition festgelegt ist, Pferde unterschiedlicher Rangstufen miteinander spielen, sich miteinander beschäftigen, freundlich miteinander umgehen und sich ohne Aggressionen begegnen.
Hier sollen nun einige „Gesetzmäßigkeiten" der Rangordnung aufgezeigt werden. Ein Betatier wird den Individualbereich eines Alphatieres niemals beeinträchtigen dürfen. Ein Betatier wird also niemals ungestraft unaufgefordert Kontakt mit einem Alphatier aufnehmen. Ein zweitrangiges Tier wird dementsprechend nicht erwarten können und wollen, daß ihm ein Alphatier ausweicht. Es wird immer versuchen, das ranghöhere Tier zu umgehen und ihm auszuweichen. Dazu bedarf es nur eines deutlichen Mienenspiels des Alphatieres, um über eine Distanz von 10 bis 15 Metern diesen Individualbereich in Anspruch zu nehmen.
Jedes Alphatier wird bei Mißachtung seines Anspruchs zunächst durch entsprechendes Mienenspiel und wahrnehmbare Gestik den „flegelhaften" Herdengenossen warnen, um dann unmißverständlich durch Beißen oder kräftiges Auskeilen den territorialen Anspruch zu verdeutlichen.
Je höher der Platz in der Rangordnung ist, um so kompromißloser, härter und eindeutiger wird ein Pferd seinen Rang verteidigen. - Eine rangniedrige Position bedeutet jedoch nicht, daß sich ein Pferd innerhalb der Herde „unzufrieden" fühlt. - Ein solches Pferd fühlt sich, ganz im Gegenteil zur gängigen Vorstellung aus Menschensicht, geborgen und von Verantwortung entlastet. Es braucht nicht ein so hohes Maß an Aufmerksamkeit aufzubringen und kann sich in unsicheren Situationen auf die ranghöheren Tiere verlassen.
Für ein junges Pferd ist es eine natürliche und selbstverständliche Verhaltensweise, sich in die Rangordnung einzufügen und sich einzuordnen, also zunächst unterzuordnen. Erst mit zunehmender Persönlichkeitsbildung innerhalb der Herde wird die Bereitschaft zur Unterordnung eingegrenzt.
Beobachtet man einmal eine Situation, in der ein fremdes Pferd in eine vorhandene Herde integriert werden soll, wird man folgendes

wahrnehmen können: Das „neue" Pferd wird versuchen, mit allen anderen Artgenossen sofort Kontakt aufzunehmen, um die Rangpositionen der einzelnen Tiere festzustellen, damit es sich einordnen kann.
Bei der Arbeit mit Pferden und somit auch bei der Ausbildung von Pferden ist die Kenntnis dieser Zusammenhänge und ihre Beachtung unerläßlich.
Diese Kenntnisse kann man sich am besten aneignen, wenn man sich die Zeit nimmt, einmal über einen längeren Zeitraum Pferde in ihrem Herdenalltag zu beobachten. Dazu gehören Beobachtungen bei den Spielen miteinander, die Verhaltensweisen während der Fütterungszeiten und der Gemeinsamkeit in allen Situationen. Nur durch solches Beobachten des Pferdeverhaltens kann man am ehesten Rückschlüsse ziehen, die nützlich sind, wenn man mit Pferden Umgang pflegen oder sie reiten will.
Nur wer sich in diesem Bereich des Beobachtens die nötige Zeit nimmt und das Gesehene bewußt umzusetzen vermag, ist in der Lage, das Gefühl für den richtigen Umgang mit Pferden zu entwikkeln und anzuwenden.

Praktisch angewandte Pferdepsychologie

Einfluß auf das Verhalten des Pferdes gewährt uns nur die Kenntnis der Pferdepsyche, die Berücksichtigung des gesamten Pferdeverhaltens, wie es natürlich ist und das Wissen um seine Lernfähigkeit.
Der am häufigsten zu beobachtende Fehler, den man bei Menschen im Umgang mit Pferden feststellt, ist die Tatsache, daß versucht wird, die eigene Körperkraft einzusetzen, um ein Pferd zu dirigieren und ihm die erwünschten Verhaltensweisen beizubringen. Wer die Körperkraft der beiden Lebewesen Mensch und Pferd allerdings in der richtigen Relation zueinander sieht, wird sehr schnell begreifen, daß ein solcher Versuch unsinnig und töricht ist.
Wer also mit Pferden umgehen, sie ausbilden und sie reiten will, sollte unbedingt die Prägung, Veränderung und Formung des Pferdeverhaltens über den psychischen Bereich anstreben und dementsprechend handeln.
Das Verständnis für die sinnvollen und nützlichen Aspekte zur Berücksichtigung bei der Pferdeausbildung im Bereich der Pferdepsy-

chologie können alle aus der natürlichen Verhaltensweise abgeleitet werden, wenn man sie konsequent und bewußt beobachtet und seine Handlungsweise darauf aufbaut. Nur so kann man sich den nötigen „Sachverstand“ aneignen und praktisch einsetzen. Das heißt, die natürlichen Verhaltensweisen analysieren und berücksichtigen, um sie beim Umgang mit Pferden anzuwenden. Das heißt auch, daß der Mensch sich mit einigen Eigenarten des jeweiligen Pferdes, die unveränderlich sind, abfinden muß und sie in sein Ausbildungsprogramm einbeziehen sollte.

Solche individuellen Charaktereigenschaften könnten beispielsweise sein: Eigensinn oder Kooperationsbereitschaft, Furchtsamkeit oder Furchtlosigkeit, Sturheit oder Sensibilität, eingeschränktes Begriffsvermögen oder ausgeprägtes Lernvermögen.

Diese individuellen Eigenschaften lassen sich sicher ein wenig lenken, begrenzen und korrigieren, sie sind aber insgesamt als unabänderlich zu akzeptieren. Hier muß also der Mensch lernen, sich im Umgang mit „seinem“ Pferd auf solche Voraussetzungen und Gegebenheiten einzustellen.

Alle praktisch anzuwendenden Ausbildungsmethoden und Trainingsabläufe des Westerntrainings sind vor diesem Hintergrund zu sehen.

Nur dann können sie nützlich und sinnvoll angewandt werden, nur dann sind sie für das Pferd verständlich und produzieren einen positiven Lernprozeß.

Endprodukt dieser Ausbildung ist dann ein Pferd, welches auf der ausgewogenen Basis von Respekt und Vertrauen kooperative Leistungsbereitschaft, gepaart mit bereitwilligem Gehorsam zeigt, ein Pferd, dessen körperliche Fähigkeiten auf den Fundamenten Selbstvertrauen, Kraft und Balance ruhen.

Fohlen sollten im Herdenverband aufwachsen. Das gewährleistet später ein normales Sozialverhalten. Die Herdenmitglieder spielen mit den kleinen Hüpfern, weisen sie aber auch zurecht, wenn sie sich ungebührlich oder frech benehmen sollten.

Pferde sind Herden- und Fluchttiere.

Nach dem Absetzen sollten sie mit Gleichaltrigen zusammen sein und viel Bewegungsmöglichkeit zu jeder Jahreszeit und bei jedem Wetter haben.

Eine Herde mit Mutterstuten und Fohlen, ein- und zweijährigen Pferden. Funktionierendes Sozialverhalten in einem natürlichen Herdenverband.

Zwei Pferde tragen Meinungsverschiedenheiten aus.

Hier zwei spät kastrierte Wallache mit deutlichem Hengstverhaltensanspruch auf eine rossige Stute (Mitte).

Vorbereitende Ausbildung bis zum Anreiten (Breaking)

Diese Ausbildungsphase wird von Westerntrainern „Breaking" genannt. Bei uns wird das dann häufig fälschlich mit „Einbrechen des Pferdes" übersetzt, ein Vorgang, der mit Gewalttätigkeit assoziiert wird.
Die Bezeichnung „Breaking" ist abgeleitet von „to break him away from the old habits". Das bedeutet: „Das Pferd von den alten Gewohnheiten ‚abbrechen'."
Dazu muß man wissen, das Zuchtherden sich auf den Ranches frei bewegten und auch heute noch bewegen. Das heißt, die Jungpferde lebten vom Menschen unangetastet bis etwa zum 3. oder 4. Lebensjahr in der Herde. Werden sie dann in die Ausbildung zum „Ranchpferd" genommen, beginnt für sie ein völlig neuer Lebensabschnitt mit gänzlich neuen Regeln und Verhaltensweisen. Sie müssen also ihre bis dahin gültigen Gewohnheiten ablegen und durch neue, im Ausbildungsprozeß vermittelte, ersetzen.
Das Pferd lernt also in der „Breaking"-Phase über Trainingsabläufe, welche zu Schlüsselerlebnissen werden, die Verhaltensweisen, die für seine Verwendung als Ranch- und Reitpferd notwendig sind. Diese Verhaltensweisen werden zu festen, unabänderlichen, sein weiteres Leben bestimmenden Gewohnheiten.
Es lernt also, den Menschen in seiner Leitfunktion absolut zu respektieren, daraus gleichzeitig aber auch Vertrauen in dessen Leit- oder Führungsverhalten aufzubauen.
Das Pferd lernt, geduldig zu sein, ruhig zu stehen. Es respektiert es, ohne Widerstand angebunden zu sein. Es wird unangenehme oder furchteinflößende Situationen im Vertrauen auf die Leitfunktion des Menschen erdulden oder bewältigen. Es wird unproblematisch bei der Hufpflege, bei der tierärztlichen Versorgung und beim Verladen auf einen Hänger sein. Es wird nicht beißen, schlagen, zerren oder anrempeln.
Dort, wo das Pferd schon ab dem Fohlenalter Kontakt zum Menschen hat, beginnt dieser Lernprozeß bereits sehr früh. Ein wichtiger Grundsatz zieht sich durch diese gesamte Ausbildungsphase:
Das Pferd darf in seiner Beziehung dem Menschen gegenüber niemals ins Bewußtsein seiner eigenen Kraft gelangen. Das heißt, der Mensch vermeidet im Umgang mit dem Pferd konsequent ein Kräftemessen, Muskelkraft gegen Muskelkraft.

Das Ausbildungsprinzip lautet vielmehr:
Die aus der Sicht des Menschen richtigen, wünschenswerten Verhaltensweisen sind dem Pferd leichtzumachen und mit positiven Aspekten und Empfindungen zu verknüpfen, die unerwünschten, falschen Verhaltensweisen sollen für das Pferd möglichst gar nicht als Verhaltensalternative in Frage kommen. Kommt es aber zu Fehlhandlungen, so sind diese mit unangenehmen Aspekten zu verknüpfen, so daß das Pferd solche Verhaltensweisen aus eigener Erkenntnis zukünftig vermeidet.
Das Pferd sollte dann den Eindruck gewinnen, es habe sich selbst durch sein Verhalten in eine unangenehme Situation gebracht.

Das Fohlen

Mein Einfluß auf das Pferd beginnt schon beim neugeborenen Fohlen.
Gleich nach der Geburt, wenn es seine ersten wackeligen Schritte ins Leben tut, beschäftige ich mich etwa eine halbe Stunde mit ihm. Ich berühre seinen Körper überall, lasse es meinen Geruch aufnehmen. Ich hebe und beuge seine Beine, massiere besonders intensiv die Körperbereiche der späteren Gurt- und Sattellage, nehme es in die Arme und hebe es für kurze Zeit vom Boden hoch.
Es lernt so in seiner ersten Lebensstunde den Menschen kennen, verliert die Furcht vor ihm und bekommt einen Eindruck von dessen späterer Führungsposition. Als zweite, wichtige Bezugsperson neben der Mutter wird der Mensch schon vom jungen Pferd wahrgenommen, ein nachhaltig prägender Eindruck.
Diesen Umgang mit dem Fohlen setze ich in den ersten Tagen seines Lebens täglich und später mit größeren Abständen fort. Nach einigen Wochen wird das Fohlen an ein Halfter gewöhnt. - Grundsätzlich ist zu beachten, daß wir unseren Pferden, wenn sie sich in Boxen, Paddocks oder Koppeln selbst überlassen sind, niemals ein Halfter am Kopf lassen. Pferde können sich mit dem Halfter an Büschen, Bäumen, Zaunlatten oder -pfosten verfangen und dann ernsthaft verletzen. Sie können sich beim Kratzen mit dem Hinterbein mit Huf oder Hufeisen im Halfter verfangen, oder beim Spiel mit anderen Pferden kann ein Bein oder der Unterkiefer im Halfter hängenbleiben. Einige solcher Unglücksfälle mit ernsten Folgen sind mir persönlich bekannt.
So wird das Fohlen also nur ein Halfter tragen, wenn es beaufsichtigt ist.

Als nächstes lernt das Fohlen, vom Menschen geführt zu werden. Dies geschieht zunächst immer in der Nähe und in Sichtweite der Mutter. Hierbei vermeidet man jedes Ziehen mit dem Führseil. Zug (Druck) am Kopf würde das Fohlen dazu veranlassen, sich rückwärts zu werfen oder zu steigen. Die Folge davon ist dann häufig, daß das Fohlen sich rückwärts überschlägt und verletzt.
In unserem Betrieb wird das Fohlen häufig schon stundenweise von der Mutterstute getrennt und bleibt allein in der Box. Dies geschieht, weil die Stuten ab zwei bis drei Wochen nach der Geburt wieder geritten werden. Verfährt man so, muß das Fohlen in einer geschlossenen Box bleiben, denn es versucht möglicherweise, hinauszuspringen. Nach einigen Tagen hat sich das Fohlen an die vorübergehende Abwesenheit der Mutter gewöhnt und bleibt zusehends ruhiger. In solchen Fällen ist das Absetzen oder Trennen von der Mutter mit fünf oder sechs Monaten kein Problem mehr. Vom Absetzen bis zum Einreiten bleibt das junge Pferd dann mit gleichaltrigen Herdenkameraden zusammen auf der Koppel oder im Winter in der Auslaufhaltung. Der Menschenkontakt beschränkt sich in dieser Zeit auf die regelmäßige Hufpflege, das Impfen und die Wurmkuren. Ein freundlicher Kontakt in dieser Zeit ist sicherlich von Vorteil, man sollte aber nicht zu sehr mit dem jungen Pferd herumspielen. Das würde zum Verlust des grundsätzlichen Respekts des Pferdes führen, es könnte eigenwillig oder gar frech werden. Damit würde dann bereits der Grundstein für spätere eklatante Fehlverhaltensweisen dem Menschen gegenüber gelegt werden.

Kontaktaufnahme mit dem Fohlen. Man sollte sich in einem sicher eingezäunten Bereich mit dem Fohlen beschäftigen, um jede Verletzungsgefahr von vornherein auszuschließen. Kann man nicht sicher sein, daß die Mutterstute absolut ruhig bleibt, sollte sie von einem Helfer gehalten werden.

Wenn man Kontakt zum Fohlen herstellen möchte, ist es nützlich, sich zu hocken oder zu knien. Der Mensch erscheint auf der Augenhöhe des Fohlens, bewegt sich nicht mehr auf zwei Beinen. Damit wird dem jungen Hüpfer etwas die Furcht genommen. Man sollte ihm dann zunächst die Möglichkeit geben, den Menschen zu beschnuppern und zu untersuchen, die Neugier siegt hier immer über die Vorsicht. Erst wenn das Fohlen vertrauensvoll näherkommt, sollte man versuchen, es anzufassen.

Fohlen mögen es besonders, wenn man sie an Mähne und Widerrist krault.

Auch Schweifansatz und Kruppe sind Körperstellen, an dènen es gern gekrault wird. Achtung: Es könnte sein, daß es übermütig auskeilt oder zu beißen versucht. Dieses Verhalten sollte man nicht erlauben und schon gar nicht zur Gewohnheit werden lassen.

Das Halfter sollte passend am Kopf anliegen, ohne zu scheuern. Nicht vergessen: der kleine Kopf wächst ständig!

So kann man ein junges Fohlen kontrollieren.

Beim ersten Führen sollte man Situationen wie im Hintergrund dieses Bildes vermeiden. Herumstehende Gegenstände und ein Betonboden sind ein ungeeignetes Umfeld für die ersten Führungsversuche.

Das Jungpferd

Unabhängig davon, ob das Jungpferd sich selbst überlassen war oder aber Umgang mit Menschen hatte: In der „Breaking"-Phase folgen wir immer der gleichen Methodik.

Dazu wiederum einige Vorbemerkungen
Wir können die Ausbildung des Pferdes prinzipiell mit dem schulischen Lernprozeß eines jungen Menschen vergleichen. Zunächst gibt es da Kindergarten und Vorschule. Hier lernt das Kind, noch in spielerischer Form, bestimmte Regeln einzuhalten, sich zu konzentrieren und zielstrebig zu arbeiten. Es lernt spielerisch, den Malstift zu halten und zu führen; es lernt, für längere Zeiträume auf einem Platz still zu sitzen. Mit der Zeit kann es Buchstaben und Zahlen schreiben. Daraus entwickelt sich die Fähigkeit, zu schreiben, zu lesen und zu rechnen. Die Schwierigkeitsgrade steigern sich jetzt kontinuierlich bis zur Berufsausbildung oder zum Studium.
Am Ende dieses Lernprozesses stehen dann die Perfektionierung und Bewährung in der alltäglichen Praxis.
Wer Pferde schulen möchte, sollte sich zuvor einmal Gedanken darüber machen, wieviel Zeit das intelligente Lebewesen Mensch benötigt, um zum Beispiel nur tanzen oder eine bestimmte Sportart zu erlernen. Mindestens ähnliche Zeitspannen sollte er dem „dummen" Pferd bei der Reitpferdeausbildung in den verschiedenen Stadien zugestehen.
Für jede einzelne Stufe im Lernprozeß gilt:
Das Pferd muß zunächst unsere Forderungen verstehen lernen und dann körperlich in der Lage sein, ihnen nachzukommen. Voraussetzung dafür ist aber, daß das Pferd sich auf den Menschen konzentriert und seinen Anleitungen gegenüber aufmerksam ist. Hierbei ist aber zu berücksichtigen, daß das junge Pferd nur eine sehr kurze Konzentrationsspanne hat.
Man sollte in den ersten Wochen die Übungssequenzen mit neuen Erfahrungen relativ kurz gestalten. 10 bis 15 Minuten sind anfänglich genug, später kann man dann die Trainingszeiten in der Breaking-Phase bis zu einer halben Stunde ausdehnen.
In der paktischen Ausbildung steht also an allererster Stelle das Bestreben, im Pferd Respekt und Aufmerksamkeit dem Ausbilder gegenüber zu etablieren.
Mit anderen Worten: Die Klärung der Rangordnung oder die Alpha-Betatier-Beziehung muß hier festgelegt werden. Dies ist, wie wir wis-

sen, auch das erste intinktive Anliegen, wann immer fremde Pferde einander begegnen und muß vom Pferdeausbilder unmißverständlich verdeutlicht werden. Bei meinem ersten Kontakt mit einem mir fremden Pferd werde ich also darauf bedacht sein, meine Alphatier-Position zu demonstrieren.

In welcher Weise dies geschieht, das hängt ganz von der Persönlichkeitsstruktur und Selbsteinschätzung des Pferdes ab. Bei manchen Pferden mögen schon für einen Beobachter unscheinbare Gesten genügen. Bei anderen mag ein intensiver Einfluß für mehrere Tage notwendig sein.

Wie ich schon im Kapitel über Pferdeverhalten beschrieb, ist von entscheidender Wichtigkeit für die Alpha-Betatier-Position, welches Tier seinen Individualbereich verteidigt, oder andersherum, welches Tier ausweicht.

Instinktiv wird das weichende Tier die Betaposition zukünftig akzeptieren, während ein Tier, dem ausgewichen wird, nach den Gesetzen des Pferdeverhaltens einen ,,Rechtsanspruch'' auf die Alphaposition hat.

In der Mensch-Pferd-Beziehung bedeutet das konkret: Weicht ein Mensch dem Pferd aus, beansprucht es instinktiv die Alpha-Position. Es wird dem Menschen keine Aufmerksamkeit entgegenbringen, sondern sie von ihm erwarten; es wird sich nicht vom Menschen absolut kontrollieren lassen, sondern nur solange es ihm gefällt, seinen Forderungen nachkommen. Unsere erste Grundübung im Bereich des Westerntrainings zielt also darauf ab, das Pferd zu lehren, dem Menschen auszuweichen oder dem Druck oder Zug am Pferdekörper nachzugeben.

Es gibt verschiedene Methoden, das zu tun. Ich möchte hier eine einfache, auch von weniger erfahrenen Pferdeleuten zu praktizierende Form aufzeigen.

Dazu ist ein Halfter mit Führkette und eine Gerte zu verwenden. Das Pferd hat nun zu lernen, auf sich steigernde Zupfsignale zunächst vorwärts-seitwärts und dann am losen, hängenden Führseil vorwärts zu gehen.

Nach einigen Metern gibt man das Kommando fürs Anhalten. Ich verwende das für das Westernpferd übliche ,,Whoa''. Im gleichen Moment gebe ich einen kräftigen, aber nicht groben Ruck oder Anschlag auf das Führseil. Anschließend lasse ich es wieder lose durchhängen. Das Pferd wird überrascht stehenbleiben. Gleich treten ich einen Schritt näher und klopfe es lobend und beruhigend am Hals.

Diesen Vorgang wiederhole ich solange, bis das Pferd schon auf „Whoa" stehen bleibt.
Als nächstes stelle ich mich seitlich vor das Pferd und zupfe mit dem Führseil gerade rückwärts, gleichzeitig tippe ich es mit steigender Intensität mit meiner Gerte vor die Brust oder den oberen Vorderbeinbereich. Dazu gebe ich das Kommando „Back" für rückwärts. Sobald das Pferd einen Schritt zurücktritt, stelle ich Zupfen und Gerteneinwirkung ein und klopfe es wieder am Hals. Ich werde das Pferd nun noch einige Male anhalten und jeweils einen Schritt rückwärts treten lassen.
Diese Übung wiederhole ich an den nächsten Tagen. Das Pferd wird lernen, aus dem Trab abrupt anzuhalten, wenn ich stehen bleibe, rückwärts zu weichen, wann immer ich es fordere. Es lernt, mit der Hinterhand oder mit der Vorhand seitlich zu treten.
Je williger ein Pferd reagiert, um so feiner und behutsamer dosiere ich meine Einwirkungen. Bei einem sturen oder gar widersetzlichen Pferd, das keinen Respekt vor dem Menschen hat, scheue ich mich aber auch nicht, mit aller Konsequenz energisch zu werden.

Wichtig ist auf jeden Fall:
Wann immer das Pferd meiner jeweiligen Forderung nachgibt, stoppe ich meine Einwirkung, klopfe und lobe es.
In dieser ersten Woche unseres Trainings lernt das Pferd auch, geduldig angebunden zu stehen.
Dazu verknote ich ein dickes Seil um den Hals des Pferdes zu einer Schlinge, welche sich nicht zuziehen kann. Hierzu ist der „Palstek" oder auch „Bowline-Knoten" ideal. Das Seil wird dann durch das Nasenband des (stabilen) Halfters geführt und dient so als Anbindeseil. Angebunden wird das Seil an einen Autoschlauch ohne Luft, der an einem Pfosten befestigt ist. Um den Pfosten sind alte Autoreifen aufgestapelt.
Sollte ein Pferd versuchen, sich loszureißen, so gibt der Autoschlauch dem Zug bis zu einem gewissen Punkt nach, um sich dann wieder zusammenzuziehen. Selbst der hartnäckigste Experte im Losreißen wird dieses ermüdenden Spiels mit der Zeit überdrüssig und ergibt sich in sein Schicksal. Da es niemals zu einem starren Druck auf das Genick kommt, kann bei dieser Anbindeform ein Pferd auch nicht in Panik oder Angststarre verfallen. Schlägt es mit dem Kopf hin und her oder springt es einmal, dem Druck des Autoschlauchs nachgebend, vor, so verhindern die aufgestapelten Autoreifen eine Verletzung.

Ich lasse das Pferd täglich etwa drei bis vier Stunden angebunden stehen, bis es ohne Widerstand oder Ungeduld diese Situation akzeptiert.

Das „Aussacken"

Als nächstes „sacke" oder „lappe" ich das Pferd aus. Dazu steht es am Anbindepfosten. Ich reibe es nun mit einer alten Satteldecke oder etwas ähnlichem am Kopf, Hals und ganzen Körper. Anschließend schwinge ich die Decke an den Körper. Dies geschieht in einer ruhigen Form ohne unnötigen Streß für das Pferd, solange, bis es diesen Vorgang ohne Zeichen von Aufregung ruhig stehend duldet. In den folgenden Tagen kann ich die Materialien, mit denen ich das Pferd aussacke, wechseln, zum Beispiel Plastik oder ähnliches verwenden. Hier ist sehr vorsichtig zu verfahren, so daß das Pferd sich vor dem anderen Geräusch nicht zu sehr erschreckt.

Das Hobbeln

Zu diesem Thema gehen die Meinungen auseinander.
Ich bin der Meinung, daß richtig praktiziertes Hobbel-Training für das Pferd gefahrlos durchgeführt werden kann, wenn alle grundsätzlichen Schutz- und Sicherheitsaspekte berücksichtigt werden. Wenn allerdings aus mangelnder Erfahrung bei diesem Trainingsabschnitt gravierende Fehler gemacht werden, ist eine Verletzungsgefahr für das Pferd nicht auszuschließen. Unsere eigenen Pferde werden grundsätzlich gehobbelt.
Das Pferd als Fluchttier macht hier die wohl einschneidendste Erfahrung seiner Ausbildung.
Es muß nicht nur feststellen, daß es in seinem Bewegungsspielraum beeinträchtig ist, nun ist sogar die Beweglichkeit seiner Beine beschränkt.
Es wird zunächst mit allen Mitteln versuchen, sich zu befreien, dann seinen Widerstand aufgeben und die Fesselung akzeptieren. Um das Hobbeln ohne Verletzungsgefahr durchzuführen, sind einige Voraussetzungen zu berücksichtigen.
Zunächst sollte man über einen gut eingezäunten, nicht zu großen Paddock verfügen. Dieser Paddock oder Corrall sollte weichen, tiefen Boden haben. Ich schütze dann die zu fesselnden drei Beine, zwei Vorderbeine und ein Hinterbein mit Wattebandagen. Ich ver-

wende aus Baumwolle geflochtene, breite Hobbels, aber auch breite, haltbare Lederhobbels sind für diesen Zweck akzeptabel. Ich fessele zunächst die Vorderbeine und verbinde diese Fesselung mit einem Hinterbein. Dann entferne ich mich vom Pferd und überlasse es sich selbst. Selbstverständlich bleibe ich in der Nähe und beobachte das Geschehen, um nötigenfalls eingreifen zu können.
Nachdem das Pferd sich nach anfänglichem Widerstand mit seiner Situation abfindet, betrete ich den Paddock und befreie es von den Hobbels.
Die Tatsache, daß es von mir gehobbelt wurde, hat es bei taktisch richtiger Anwendung nicht erkennen und bewußt wahrnehmen können. Nun nimmt es aber bewußt zur Kenntnis, daß ich es aus dieser Situation befreit habe, eine Erfahrung, die zur Vertrauensbildung beiträgt. Das Hobbeln wird jetzt einige Tage wiederholt, bis das Pferd ohne Widerstand ruhig und unbeweglich stehen bleibt, sobald es die Hobbels fühlt.
Von nun an werde ich in den nächsten Monaten beim Satteln, Putzen oder zu ähnlichen Gelegenheiten immer wieder mal die Vorderbeinhobbels anlegen. So wird es für das junge Pferd zur selbstverständlichen Gewohnheit, ruhig zu stehen. Dies kommt uns bei der Hufpflege, beim Beschlagen und bei der tierärztlichen Versorgung zugute.
Darüber hinaus wird ein Pferd, das solches Hobbeltraining erfahren hat, immer ruhig bleiben, falls es sich einmal mit den Beinen irgendwo verfangen sollte, was eine gefährliche Situation darstellt.
Das Hobbeltraining hat für mich, wie schon erwähnt, seinen ganz besonderen Wert, als Geduld und Vertrauen fördernde Maßnahme. Prinzipiell rate ich jedoch davon ab, ein Pferd unbeaufsichtigt gehobbelt irgendwo stehenzulassen.
Wer sein Pferd gehobbelt irgendwo in Wald oder Flur zurückläßt und erwartet, daß es nach einer Stunde noch am gleichen Fleck steht, wird wahrscheinlich eine Überraschung erleben. Falsch angehobbelte Pferde sind nicht nur beweglich, sondern auch gefährdet!

Das Aussacken und die Arbeit mit „War-Bridle".
Zur War-Bridle wird ein einfaches Rope (Seil) von etwas steiferer Struktur benutzt. Es wird zu einer Art Halfter um den Pferdekopf geschlungen. Wird das Führseil gespannt, ziehen sich die Kopfschlingen zusammen und drücken auf empfindliche Teile des Kopfes. Die War-Bridle ist sehr nützlich zur Disziplinierung eines Pferdes einzusetzen. Sie darf nur über die Pull-and-slack-Methode, also über Impulse, eingesetzt werden. Ihre sinnvolle, korrekte Handhabung erfordert einige Erfahrung. Niemals sollte man ein Pferd mit solch einer War-Bridle anbinden.
Ein Halfter mit Führkette erfüllt einen ähnlichen Zweck.

Es kann bei den verschiedenen Formen des Hobblings auch mal geschehen, daß ein Pferd zu Boden fällt.

Nur optimale Trainingsbedingungen, Erfahrung und umsichtiges, sicheres und konsequentes Trainerverhalten schließen Verletzungen aus und sichern den positiven Erfolg der Trainingsmaßnahme.

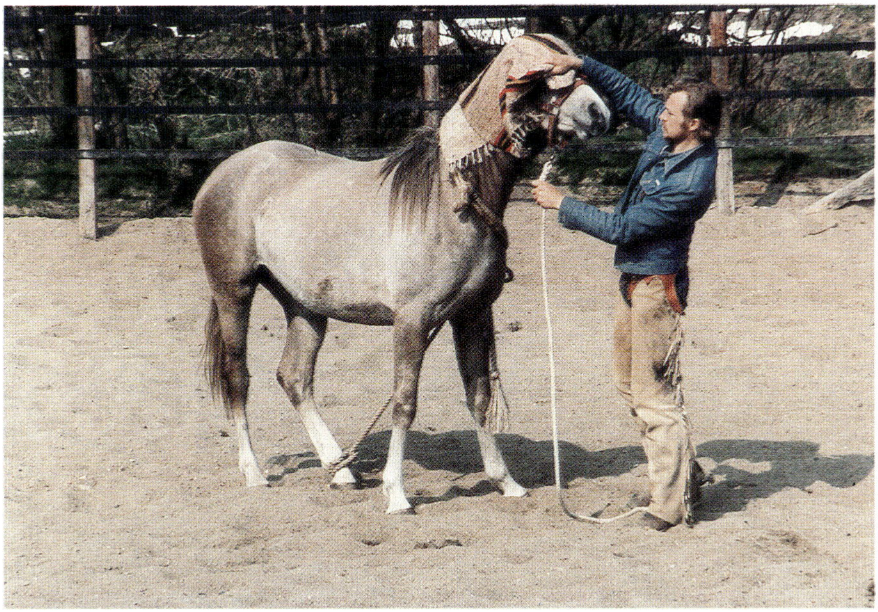

Falsches Verhalten des Trainers wie Hilfslosigkeit, Zögern oder Unterbrechung der Maßnahme würden unerwünschte, falsche Erkenntnisse beim Pferd fördern. Das Gegenteil des Trainingszieles würde erreicht, das Pferd vielleicht sogar verdorben. Diese Fotoserie wurde mit einer Motorkamera festgehalten und zeigt, was in ca. 15 Sekunden geschehen kann.

Besondere Form des Aussackens!
Das Pferd ist mit dem Kopf zum Schweif herumgebunden. Bewegt es sich, muß es sich im Kreis drehen.

Will es sich entziehen und abwenden, läßt man es gewähren. Es kann sich nur um sich selbst drehen und ist der gleichen Situation, wie zuvor, erneut ausgesetzt. Hier ist ein Round-Pen Voraussetzung, damit das Pferd sich nicht in einer Ecke „festläuft". In solcher Haltung sollte ein Pferd nicht länger als maximal 15 Minuten ausgebunden sein.

Sicheres und sinnvolles Verhalten beim Hochheben eines Hinterbeines.
Die zur Kruppe weisende Hand klopft das Pferd behutsam auf die Kruppe, gleitet dann langsam an ihr herunter bis in die Kniekehle (Kniebeuge) und von dort über das

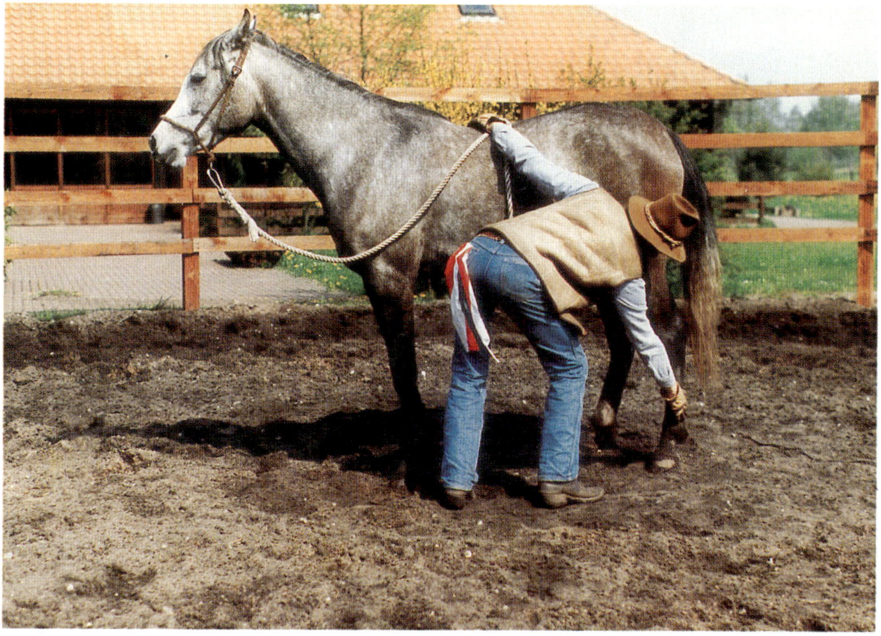

Sprunggelenk zum Fesselgelenk herunter. Das Pferd wird durch Druckimpulse mit Daumen und Zeigefinger auf die Sehne zum Heben des Beines veranlaßt, nicht durch kräftigen Zug am Bein!

Erst wenn das Pferd sein Gewicht auf die übrigen drei Beine verlagert, das gewünschte Bein entlastet und winkelt, wird dieses in der abgebildeten Weise weiter angehoben.

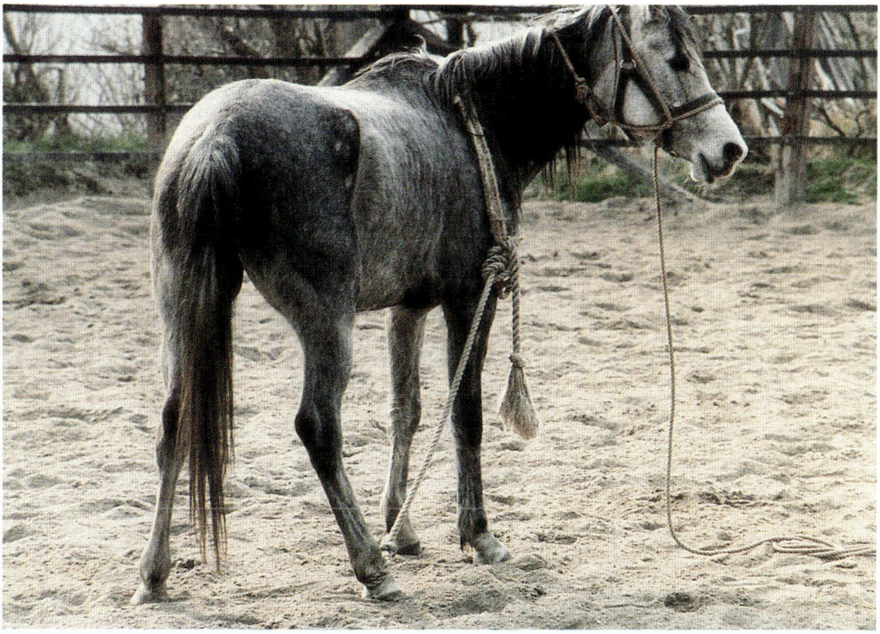

Hobbling
Scotch-Hobbling,

Front-Leg-Hobbles

Three-Feet-Hobbles

Das Pferd wird an drei Beinen gefesselt. Nach anfänglichem Widerstand lernt es, sich in Geduld zu fügen und akzeptiert die Situation. (Seiten 154 - 156)

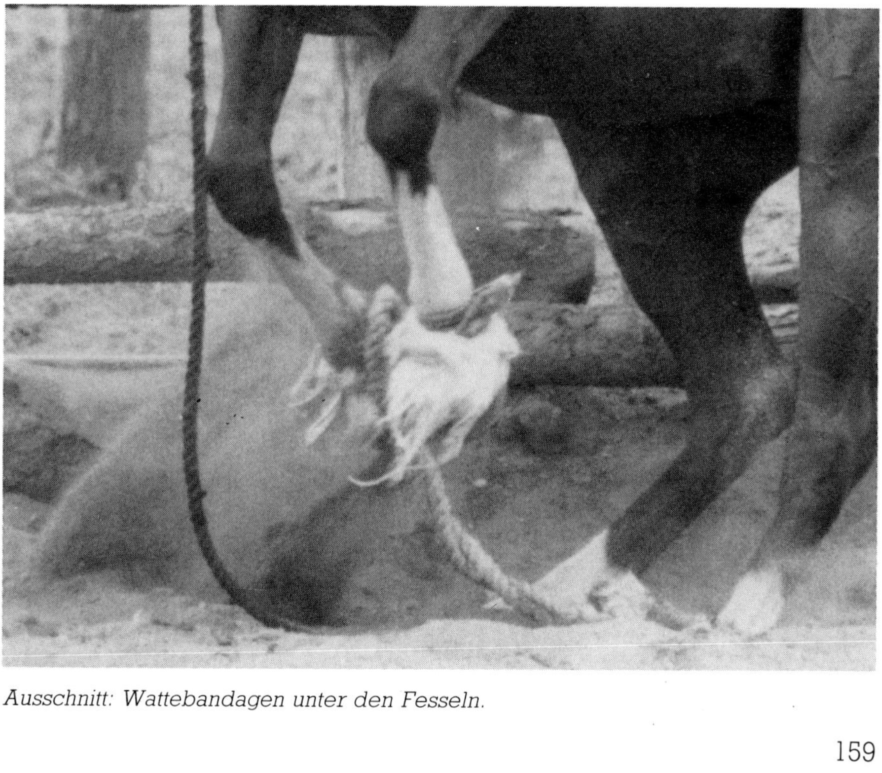

Ausschnitt: Wattebandagen unter den Fesseln.

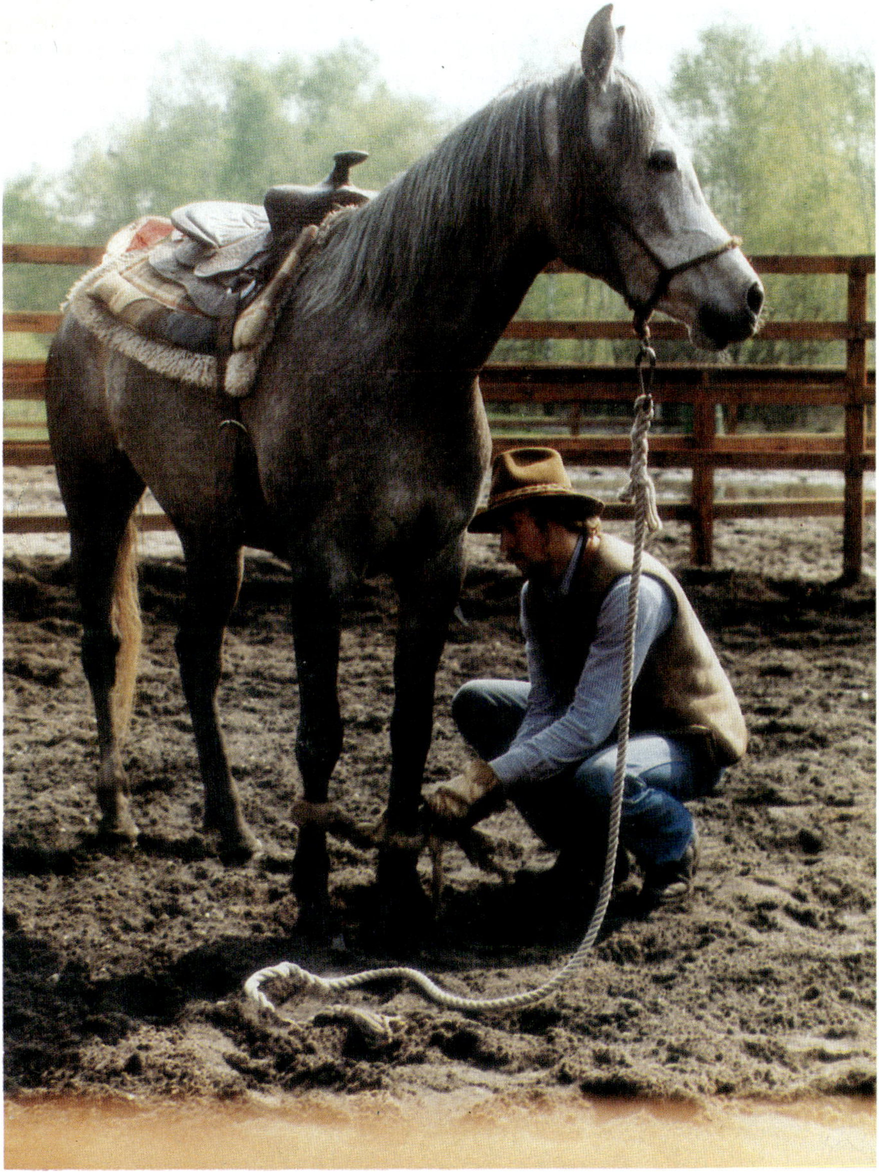

Hobbles an den Vorderbeinen sind zu verschiedenen Gelegenheiten nützlich und sinnvoll.

Das Satteln

Nach all diesen Maßnahmen wird das erste Satteln kein großes Problem darstellen. Ich verwende für diesen Zweck einen ausrangierten Sattel.
Zum Satteln wird das Pferd mit Halfter und Führseil in den runden „Breaking Pen" geführt. Dort wird es an den Vorderbeinen gehobbelt. Die Satteldecke wird aufgelegt, dann der Sattel vorsichtig dazu. Nachdem er auf dem Rücken liegt, lüpfe ich ihn einige Male an und bewege ihn hin und her.
Nun lasse ich den Gurt heruntergleiten und berühre die künftige Gurtlage zunächst einige Male, ohne ihn zu verschnallen. Zeigt das Pferd keine Verspannung, so gurte ich zunächst ganz vorsichtig, aber nicht zu locker an. In Etappen und mit zeitlichen Zwischenräumen gurte ich dann nach, bis der Sattel sicher liegt. Ich entferne jetzt die Vorderbeinhobbel und überlasse nach dem Abnehmen des Leitseils das Pferd sich selbst. Es kann sein, daß es einige Male bockt, aber auch, daß es gleich ohne Probleme herumläuft. Ich lasse das Pferd, welche Reaktionen auch immer es zeigen mag, für etwa zwei Stunden im Breaking-Pen. Am nächsten Tag wiederhole ich die gleiche Prozedur. Nun hänge ich vielleicht zusätzlich einen alten Hafersack, einen Autoschlauch oder etwas Plastik an den Sattel.
So wird das Pferd an all diese Dinge gewöhnt, bis es keinen Widerstand oder irgendwelche Nervosität zeigt.

Gewöhnung ans Gebiß

In den ersten Tagen des Trainings beginnt gleich auch die Gewöhnung an das Gebiß. Dazu benutze ich eine einfache Wassertrense aus rostendem Eisen. Die Gebißringe sind mit einem Lederriemchen verbunden. Das Pferd bekommt die Trense eingeschnallt und behält sie für mehrere Stunden im Maul, während es im Paddock oder in der Box steht. So verfahre ich in den nächsten Tagen, auch während der Fütterungszeiten, bis das Pferd die Trense wie selbstverständlich akzeptiert. Hin und wieder kommt es vor, daß ein Pferd die Zunge über das Gebiß legt. Damit das nicht zur Gewohnheit wird, verhindere ich dieses Verhalten durch hochbinden des Mundstückes unter den Gaumen. Dazu wird ein dünner Lederriemen oder ähnliches durch beide Trensenringe und das Gelenkstück im Mundstück der Trense gezogen. Auf dem Nasenrücken werden beide

Riemenenden miteinander verbunden und gemeinsam am Stirnriemen befestigt. Bei einer solchermaßen hochgebundenen Trense ist es dem Pferd unmöglich, die Zunge über das Gebiß zu nehmen.

Das Ausbinden

Mit der zuvor beschriebenen Arbeit an einem jungen Pferd können, bei täglicher Beschäftigung, eine bis zwei Wochen vergangen sein. Es kennt das Gebiß, den Sattel, ist gehobbelt und ausgesackt worden. Es zeigt keinerlei Widerstand oder Nervosität im Zusammenhang mit diesen Vorgängen und Belastungen.
Nun muß es als nächstes lernen, wie das Gebiß wirkt und wie es auf die Einwirkung grundsätzlich zu reagieren hat.
Prinzipiell ist es so, daß ein Pferd auf Druck, welcher auf seinen Körper ausgeübt wird, durch Gegendrücken reagiert. Dies gilt auch für Druckeinwirkung ins Maul. Es muß nun lernen, daß sein instinktive Reaktion zukünftig nicht mehr sinnvoll ist. (Wieder: ,,Break him away from the old habits'', will heißen: ,,Gewöhne ihm alte Gewohnheiten ab''.) Nur Nachgiebigkeit verschafft ihm Erleichterung vom Druck des Gebisses. Zu diesem Zweck führe ich das Pferd gesattelt und mit Trense gezäumt in den ,,Breaking-Pen''. Über der Trense trägt das Pferd ein Halfter, an dem ich es führe. (Auch eine Trense mit Bit-Guard ist hier sinnvoll.) Im Breaking-Pen verbinde ich mit einem Seil an einer Seite Trensenring und seitlichen Halfterring und führe es zum hinteren Teil des Sattels (hinterer Gurtring). Der Kopf des Pferdes wird so zu der Seite herumgebogen, an der sich das Ausbindeseil befindet.
Ich überlasse das Pferd nun sich selbst.
Es wird versuchen sich aus dieser ungewohnten, die äußere Muskelseite dehnenden, Haltung zu befreien. Das gelingt ihm in dieser Situation nicht. Da der Trensenring mit dem Halfter verbunden ist, wird nicht zuviel Druck auf das Trensenmundstück entstehen, welches im Maul schmerzen würde. Vielmehr wird Druck auf die äußere Kopfseite entstehen. Sobald das Pferd nun den Kopf, dem Druck nachgebend, hereinnimmt, schwindet dieser. Versucht es aber, dagegen anzukämpfen, steigert er sich. Durch diese Erfahrung lernt es von selbst, sich richtig zu verhalten.
Ich lasse es nun etwa 10 bis 15 Minuten im Pen im Kreise herumwandern, dann befreie ich es vom Ausbindezügel. Nach weiteren fünf Minuten der Entspannung wiederhole ich den gleichen Vorgang auf

der anderen Seite. So verfahre ich einige Tage, bis das Pferd bereitwillig dem „Zügeldruck" zu jeder Seite nachgibt. Gleichzeitig werden bei diesem Vorgang die jeweilig äußeren Muskelpartien des Halses, der Schulter und die über den Rippen gedehnt und so geschmeidig gemacht.

Zum Abschluß dieses Kapitels noch eine Erklärung:

Wann immer zukünftig im Zusammenhang mit der Positionierung des Pferdes von „innen" oder „außen" die Rede ist, so ist mit „innen" die Seite gemeint, zu der das Pferd gebogen ist und sich bewegt, „außen" die jeweils andere.

Das Satteln.
Es ist sinnvoll, das junge Pferd bei jedem Satteln an den Vorderbeinen zu hobbeln. So lernt es, wie selbstverständlich, ruhig stehen zu bleiben und geduldig zu sein. Es kann sich so gar nicht erst ein lästiges Ausweichen oder unruhiges „Herumhampeln" angewöhnen.

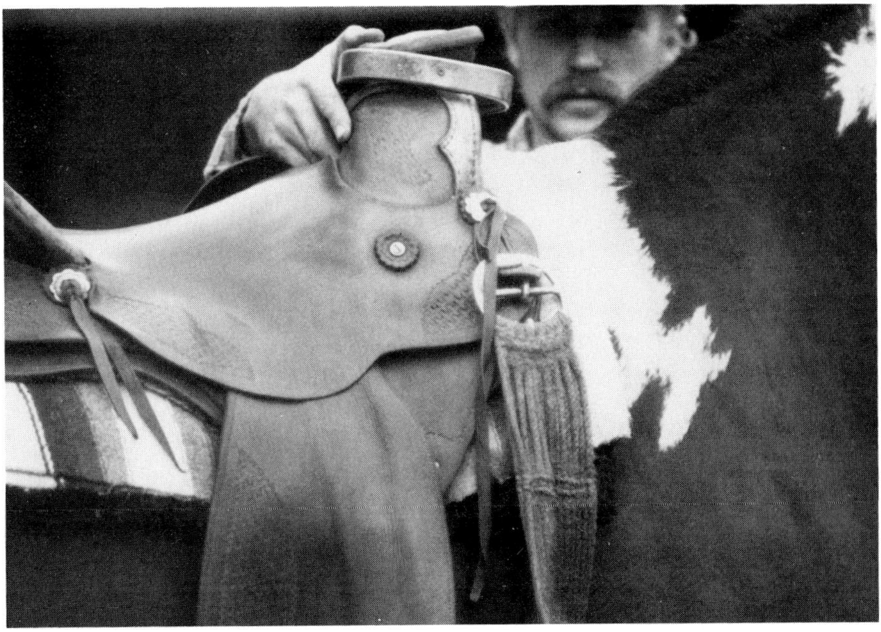

Der Sattel wird mit dem Haarstrich in die richtige Position geschoben.

Das Gurten.

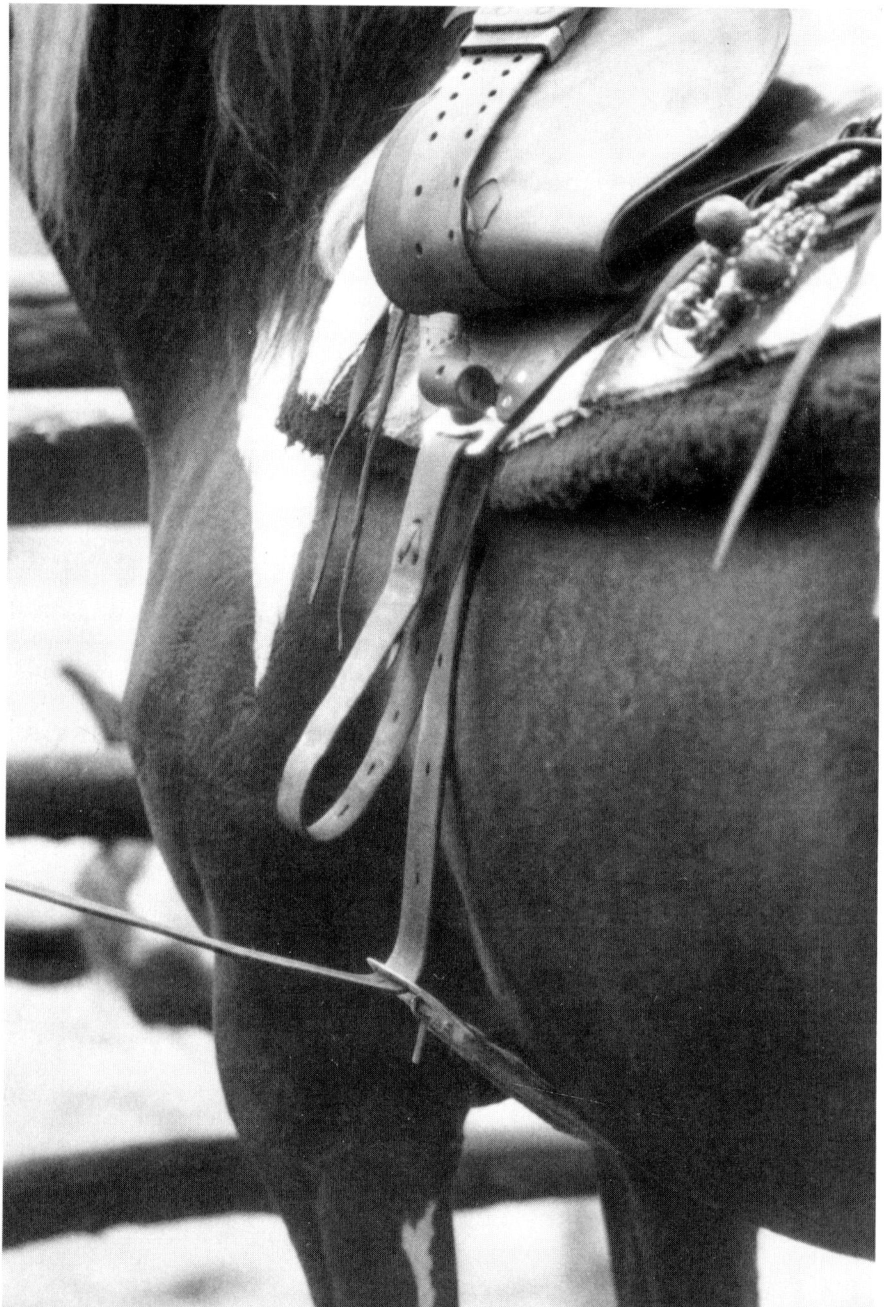

Das Gurten.

Das Gurten.

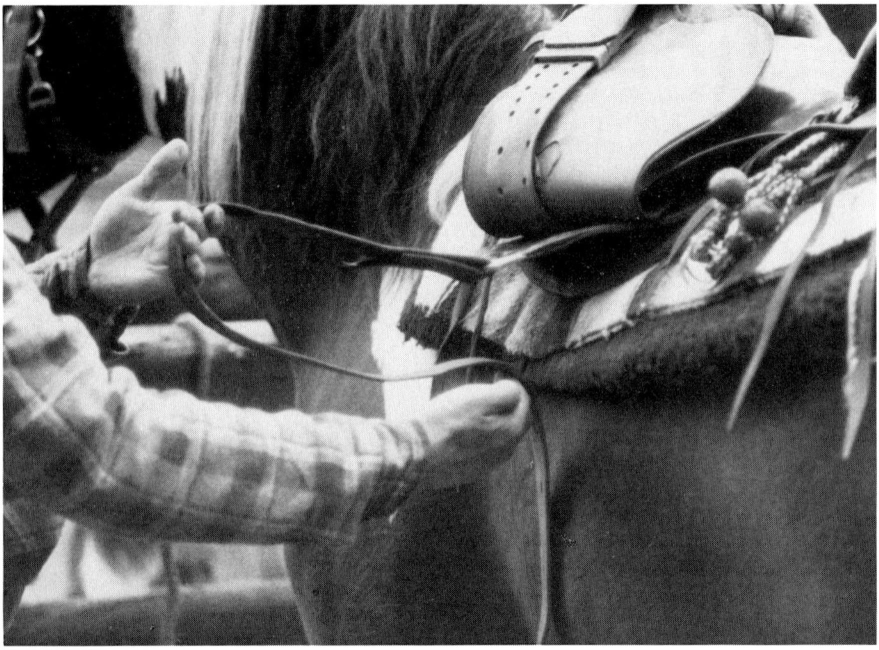

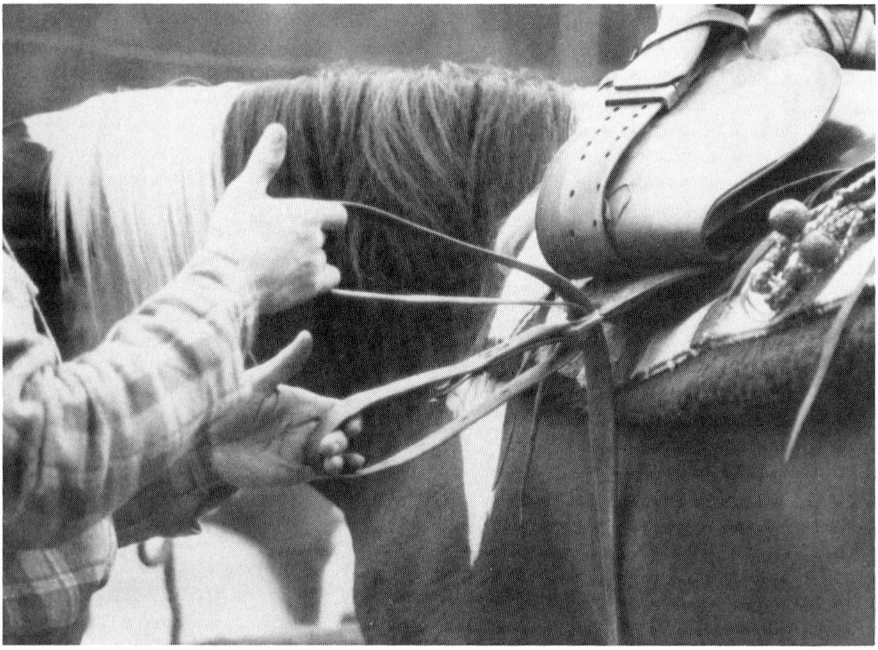

Das Ordnen des Gurtungsriemens beim Absatteln.

Bei entsprechender Gewöhnung wird ein junges Pferd sich schnell an Sattel und Gurtdruck gewöhnen.
Hier nun einige Bilder von einem Pferd, daß sich anders verhielt. Eine solche Reaktion ist bei der Arbeit mit jungen Pferden niemals auszuschließen.

Arbeit an der Longe

Um das junge Pferd an gleichmäßige Bewegungsabläufe über einen längeren Zeitraum zu gewöhnen, seine Konzentrationsfähigkeit zu steigern, seine Muskeln zu gymnastizieren und zu kräftigen, es an meine Kommandos zu gewöhnen, es meinen Körperbewegungen gegenüber aufmerksam zu machen und grundsätzliche Bewegungsabläufe wie Anhalten, Wenden und Rückwärtsgehen zu etablieren, ist die Arbeit an der Longe sehr nützlich.
Auch hier ist es von allergrößtem Wert, im runden „Breaking-Pen" zu arbeiten. Dort kann das Pferd sich niemals der Kontrolle durch den Menschen entziehen, lernt diese Möglichkeit also gar nicht erst kennen. Es kann sich keine Unarten wie das „über die Schulter weglaufen" oder „auf die Longe drücken" angewöhnen. Den Versuch, den Zirkel zu verkleinern, kann ich ohne Probleme unterbinden, auch das Stürmen ist unmöglich, da ich in diesem Falle sofort den „Weg abschneiden" kann und es so zum Stillstand bringe. Mit anderen Worten: Ich setze das Prinzip der absoluten Kontrolle über jede Bewegung des Pferdes in diesem Trainingsabschnitt fort. Es wird so langsam aber sicher zur zweiten Natur für das junge Pferd, den Anweisungen des Trainers Folge zu leisten, sich ständig auf ihn zu konzentrieren.

Gewöhnung an die Longe

Ich führe das Pferd am Führseil in den Breaking Pen, an den Vorderbeinen trägt es zum Schutz Streifgamaschen. Unter dem Halfter trägt es ein „Cavesson", leichten Kappzaum, Sperrhalfter oder ähnliches. Am Nasenstück dieses Cavessons ist ein Ring angebracht, an dem ich meine Longe einhake. Unterstellen wir einmal, ich beginne links herum zu longieren. In der linken Hand halte ich wohlgeordnet aufgerollt die Longierleine so, daß ich sie je nach Bedarf abrollen lassen kann. In meiner rechten Hand mit der Spitze am Boden halte ich meine Longierpeitsche.
Ich trete nun einen Schritt seitwärts-rückwärts nach rechts, also zur Kruppe des Pferdes und hebe die Peitsche.
Mit der Stimme muntere ich das Pferd auf, sich in Bewegung zu setzen. Eventuell tippe ich es mit meiner Peitsche an der Kruppe in Höhe der Kniebeuge an. Die Longenhand nehme ich vor die Körpermitte.

Es wird sich nun um mich herum in Bewegung setzen. Ich lasse meine Longierpeitsche jetzt mit der Spitze von der Kruppe mehr zur Rippenpartie des Pferdes wandern und tippe es dort an. Es wird nun den Zirkel vergrößern.
Solange es nicht stürmt (und in diesem Falle bringe ich es durch „Abschneiden des Weges" zum Stehen), lasse ich das Pferd in dem ihm genehmen Tempo um mich herumlaufen, ohne es weiter zu beeinflussen. Nur, wenn es stehenbleiben will, treibe ich es wieder an. Wenn ich den Eindruck gewinne, es wird etwas müde und möchte verlangsamen und stehenbleiben, trete ich seitwärts in seine Bewegungsrichtung und „verkürze den Winkel". Gleichzeitig lasse ich meine Longierpeitsche mit der Spitze zu Boden sinken und sage „Whoa". Das Pferd wird nun verlangsamen und zum Stehen kommen. Ich gehe aus der Mitte zu ihm hin, auf den Widerrist zu und klopfe es an Hals und Kruppe. Ich gestatte ihm nicht zur Mitte hereinzutreten, einen solchen Versuch korrigiere ich durch entsprechende Peitschenzeichen.

Nachdem das Pferd einige Minuten verschnauft hat, wende ich es zur Mitte hin. Zu diesem Zweck lasse ich es mit den Vorderbeinen herumtreten und bin bemüht, die Hinterbeine auf einem Punkt zu fixieren und gebe dazu einige Male das Komando „turn" (wenden). Steht das Pferd in der neuen Richtung, trete ich zur Mitte zurück.
Versucht es, mir zu folgen, korrigiere ich es durch entsprechende Peitschenzeichen.
Nachdem ich meinen Platz in der Mitte eingenommen habe, nehme ich die Longe in die rechte Hand und die Peitsche in die linke. Ich trete nun seitwärts in Richtung Kruppe, hebe die Peitsche und ermuntere es, anzutreten. Ich lasse es rechts herum etwa gleich lange wie zuvor links herum laufen.
Ich bin bemüht, das Pferd auf beiden Seiten gleichmäßig zu arbeiten. Nach etwa 20 bis 30 Minuten beende ich die Arbeit.
Dieses Zeitlimit gilt für die gesamte, zukünftige Longenarbeit.
Nach einigen Tagen wird das Pferd auf entsprechende Kommandos die drei Gangarten ausführen, anhalten, wenden oder sich rückwärts richten lassen. Beim Rückwärtsrichten verfahre ich wie bei den Führübungen der ersten Woche.
Je nach Verhalten und Verfassung des Pferdes entscheide ich dann, welche Form gezielter gymnastizierender Longenarbeit folgt und wie lange ich das Pferd longiere. Die Longenzeit kann zwischen einer Woche und acht bis zehn Wochen schwanken, je nach physi-

schen und psychischen Voraussetzungen des Pferdes, bevor ich es das erste Mal reite.
Eine mehrwöchige Longenzeit kommt immer dann in Frage, wenn das Pferd körperliche Probleme hat. Wenn es sehr steif ist, schwächlich oder zu fett, wenn es Gleichgewichtsprobleme hat oder einen unsauberen Bewegungstakt oder aber, wenn es zu hoher Kopfhaltung und zu weggedrücktem Rücken neigt. Ich wähle verschiedene Formen des Ausbindens, jedoch nicht das seitlich starre System, wie man es bei uns in Deutschland praktiziert. Das würde das Pferd dazu motivieren, sich aufs Gebiß zu „legen", also zu stützen, eine Tendenz, die ich beim Westerntraining absolut nicht anstrebe.
Ich will in diesem Zusammenhang auf die einzelnen Möglichkeiten der Longenarbeit nicht zu intensiv eingehen.
Um spezielle Formen des Longentrainings sinnvoll und nützlich anwenden zu können, benötigt man sicherlich eine gute Portion praktischer Erfahrung.

Die Doppellonge

Ich möchte nun noch auf die im Westerntraining eines Pferdes häufiger angewandte Form der Arbeit an der Doppellonge eingehen.
Ich selbst praktiziere sie heute nur noch selten.
Sinn dieser Arbeit ist es, das Pferd schon an die richtungweisenden Zügelsignale in der Wassertrense oder der Hackamorezäumung zu gewöhnen.
Wann immer man die Absicht haben sollte, sein Pferd in der Doppellonge zu arbeiten, ist es nötig, daß dieses zunächst in einem kleinen, möglichst runden und gut eingezäunten Paddock geschieht, der nicht wesentlich größer ist als etwa 15 m im Durchmesser.
Das Pferd sollte absolut ruhig bleiben, wenn es mit den Leinen an den Beinen berührt wird.
Das Pferd wird gesattelt und in der entsprechenden Zäumung, ob Wassertrense oder Hackamore (Bosal) in den Trainingspaddock geführt. Die Steigbügel des Sattels sollten unter dem Pferdekörper miteinander verbunden sein. Man verschnallt sie so, daß sie dem Pferd nicht schmerzhaft gegen die Ellbogen schlagen können. Auf jeder Seite des Pferdes wird eine Longierleine von der Zäumung durch den jeweiligen Steigbügel nach hinten geführt.

Der Trainer tritt seitlich hinter das Pferd mit einem Abstand von etwa 2 Metern. Durch aufmunternde Zurufe und antippen mit einer kurzen Longierpeitsche wird das Pferd dazu veranlaßt, anzutreten. Man versucht zunächst, das Pferd im Schritt zu halten. Sollte es schneller werden, lenkt man es über Impulse, annehmen und nachgeben, mit der jeweiligen Leine nach rechts oder links in Richtung Zaun und läßt es zum Zaun hin wenden. Wann immer es beschleunigen will, wird so verfahren.
Zum Abschluß der Trainingssequenz wird es gerade auf den Zaun zu gelenkt. Man sagt „Whoa" und läßt das Pferd vor dem Zaun zum Halt kommen und kurze Zeit verharren. Damit ist die Arbeit für diesen Tag beendet.
Wichtig bei der Arbeit an der Doppellonge ist es, darauf zu achten, niemals mit Dauerkontakt an einem oder gar beiden Zügelleinen zu ziehen, um auf Richtung oder Tempo des Pferdes Einfluß zu nehmen. Es ist notwendig, ausschließlich mit in der Intensität sich steigernden Impulsen zu arbeiten. Auch die Arbeit an der Doppellonge erfordert einige Erfahrung, und wem es daran mangelt, der sollte nur mit einem sehr ruhigen, nervenstarken Pferd in einer kleinen, gut eingezäunten Arena so arbeiten.

Der Versuch, ein nerviges Pferd in einer 20×40 Meter großen Arena erstmalig mit der Doppellonge zu arbeiten, könnte sehr leicht mit einer bäuchlings hinter dem davoneilenden Pferd ausgeführten Rutschpartie enden.
Welche Form von Longenarbeit ich in meinem Vorbereitungstraining auch immer praktizieren mag, ich gewöhne das Pferd in den Verschnaufpausen langsam daran, Druck im Steigbügel des Sattels zu empfinden. Dazu setze ich in aller Ruhe meinen Fuß in den Bügel und belaste ihn mit etwas Gewicht. Ich praktiziere das in der gleichen Haltung, in der ich auf ein Pferd aufsitze. Solange das Tier sich nicht verspannt, kann ich diese Übungen wiederholen und die Gewichtsbelastung steigern. Ich praktiziere die Übung auf der linken und auf der rechten Seite des Pferdes, und schon nach einigen Tagen läßt es diesen Vorgang gelassen über sich ergehen. Nun ist es an der Zeit, das Pferd mit der Hackamore oder mit der Trense (eventuell mit Bit-Guard) zu zäumen. Nach dieser Vorbereitung steige ich dann soweit in den Steigbügel, bis ich den Sattel mit meinem Oberkörper belasten kann. Bleibt das Pferd ruhig, schwinge ich vorsichtig das freie Bein über seinen Rücken und setze mich behutsam in den Sattel. Ich klopfe es beruhigend am Hals und ermun-

tere es nach einer Weile mit der Stimme und sehr vorsichtigen Impulsen mit einem Schenkel zusätzlich, sich in Bewegung zu setzen. Wenn das nicht auf Anhieb klappt, gebe ich ihm mit dem „Quirt" oder einem Zügelende behutsame Klapse auf die Kruppe. Es wird dann einige unsichere Schritte vorwärts machen. Mit meiner Stimme und Körperimpulsen halte ich es nun in Bewegung.
Nach einigen Runden links herum wechsele ich die Richtung durch Zügelzupfen mit tief seitlich geführter Hand. Nachdem es locker voranschreitet, treibe ich es zum Trab an. Hin und wieder lenke ich es mit tiefen, seitlichen Zügelimpulsen zur Mitte des Breaking Pens und dann zur entgegengesetzten Richtung. Anschließend lasse ich es noch einige Runden Galopp gehen und sage dann „Whoa". Das Kommando kennt es von der Longenarbeit, es wird daraufhin erfahrungsgemäß verlangsamen und anhalten. Ich steige ab und die Arbeit ist für diesen Tag beendet.
So verfahre ich in den nächsten Tagen mit Schritt-, Trab- und Galoppübungen in beiden Richtungen.
Wir sind nun am Ende der Breakingphase angelangt.
In dieser Zeit ist es für das Pferd zur zweiten Natur, zur Selbstverständlichkeit geworden, den Anweisungen und Hilfen des Trainers prinzipiell nachzukommen. Die grundsätzlichen, für die Reitpferdeausbildung wichtigen Erfahrungen, hat es aus eigener Erkenntnis angenommen. Es hat niemals Widerstand gegen den Menschen produzieren müssen oder können.
Unser Pferd ist „broke to ride", vorbereitet für die Reitpferdeausbildung.

Hier ein weniger wild reagierendes Pferd bei der Gewöhungsarbeit.

Es ist sinnvoll, schon beim Bodentraining immer wieder einmal die Steigbügel, linke und rechte Seite, mit Reitergewicht zu belasten. Auch der Sattel selbst kann mit dem Oberkörper des Reiters belastet werden.
Das Pferd sollte mit der Zeit diese Maßnahmen ohne Aufregung oder Verspannung über sich ergehen lassen.

Das Pferd ist leicht angespannt.

Es ist deutlich verspannt.

Es ist aufmerksam, aber entspannt.

Während die meisten Pferde alsbald ruhig und gelassen bleiben, legt dieses Pferd seine Scheu nicht ab und neigt immer wieder dazu, sich zu verspannen.
Bei einem solchen Pferd muß man dann darauf vorbereitet sein, daß es davonstürmen oder bocken wird. Es ist sinnvoll, den linken Zügel beim Aufsteigen so zu verkürzen, daß sich das Pferd in einem solchen Fall im Kreis um den aufsitzenden Reiter herumbewegen muß. Die Verspannung des Pferdes ist deutlich zu sehen.

Nachdem der Reiter im Sattel sitzt, entspannt sich das Pferd. Es wird an Mähne und Hals geklopft und gestreichelt, der Reiter spricht beruhigend auf das Pferd ein.

Das Pferd kann sich ungestört im Round-Pen bewegen und an das Gewicht des ruhig sitzenden Reiters gewöhnen.
Es sollte sich rechts- wie auch linksherum in allen drei Gangarten bewegen. Nur zum Anhalten gibt der Reiter Impulse mit dem Zügel.

Die reiterlichen Einwirkungen (Hilfen)

Ziel des Westerntrainings ist es, das Pferd zu schulen, seine ihm von der Natur mitgegeben Fähigkeiten (Bewegungsabläufe) in den Dienst des Menschen zu stellen. Im Westernreiten werden nur Bewegungsabläufe (Reflexketten) gefordert, die das Pferd auch ohne Reiter ausführen würde. Das Pferd muß im Trainging lernen, diese Abläufe nicht mehr emotional nach eigener Einschätzung, sondern nun auf ,,Anweisung'' des Reiters auszuführen. Durch den Trainings- und Wiederholungsprozeß wird der Körper des Pferdes gekräftigt und die Technik perfektioniert. Damit das Pferd diese ,,Anweisungen'' umsetzen kann, muß sich der Mensch einer Sprache bedienen, welche das Pferd verstehen kann.

Diese Sprache ist die Körpersprache. Mit ihr werden dem Pferd Signale gegeben, welche ihm das vom Menschen geforderte Verhalten sinnvoll verständlich machen.

Die Mittel der Verständigung zwischen Mensch (Reiter) und Pferd bestehen aus Signalen, welche mit dem Gebiß ins Maul, mit der Zäumung an den Kopf, mit den Unterschenkeln an den Pferdekörper und durch Abkippen des Beckens in verschiedene Richtungen als Gewichtsverlagerung auf das Gleichgewichtsgefühl des Pferdes einwirken.

Ein Haufen willkürlich hingeworfener Schienen, Schwellen und Nägel ergeben aber noch keine befahrbare Gleisanlage. Nur die absolut korrekte Anordnung wird einen sicheren Zugverkehr gewährleisten.

So ist es auch mit den reiterlichen Einwirkungen. Nur in der richtigen Form, Reihenfolge und Intensität zum jeweils richtigen Zeitpunkt, werden eine Zügeleinwirkung zur für das Pferd verständlichen Zügelhilfe, ein Schenkeldruck zur Schenkelhilfe und eine Schwerpunktverlagerung des Reiters zur Gewichtshilfe.

Bevor wir uns nun weiter mit den praktischen Aspekten der fortschreitenden Pferdeausbildung beschäftigen, zunächst wieder einige grundsätzliche Bemerkungen.

Wer ein Pferd ausbilden will, sollte über die Fähigkeit zur richtigen Hilfengebung verfügen.

Darüber hinaus sollte ein Ausbilder genügend Einfühlungsvermögen haben, sich in die Gefühlssituation eines Pferdes versetzen zu können. Ruhe, Gelassenheit und Geduld sollten ihn auszeichnen. Die Berücksichtigung der pferdespezifischen Verhaltensweisen ist

bei der Reitausbildung ebenso wichtig, wie schon beim Vorbereitungstraining.
Ein junges Pferd ist wesentlich ungeduldiger als ein Mensch. Um die tägliche Arbeit interessant zu gestalten, muß man abwechslungsreich vorgehen, Schritt für Schritt arbeiten, ohne das Pferd zu überfordern und für richtiges Verhalten ständig Belohnungssituationen anbieten.
Außerdem muß der Reiter sich in jeder Situation körperlich unter Kontrolle haben. Die von ihm ausgehenden Körpersignale müssen einer ständig gleichen Systematik unterliegen, damit sie für das Pferd verständlich werden.
Zum Schluß muß er sich mit seinen Leistungsforderungen an den psychischen und physischen Möglichkeiten seines Pferdes orientieren.
Hier ist Geduld der Schlüssel zum Erfolg.

Die Zügeleinwirkung

Ziel der Westernpferdeausbildung ist die einhändige Zügelführung in einer der Western-Stangen-Zäumungen. Beim ausgebildeten Pferd kommt der Zügeleinwirkung nur noch richtungweisende Kopfpositionierung sowie Signalwirkung zum Verlangsamen und Stoppen zu.
Kontinuierlich wird mit der beidhändigen Ausbildungszäumung auf dieses Ziel hingearbeitet.
Es wird eine ständige Sensibiliserung des Pferdes, auf diese Impulse zu reagieren, angestrebt.
Die Zügel werden niemals mit fest anstehender Verbindung zwischen Hand und Maul eingesetzt, sondern nur als feiner Kontakt aufrechterhalten, welcher nur durch den lose hängenden Zügel besteht. Die Einwirkungen selbst sind niemals Dauerzug, sondern Impulse in einer annehmenden und nachgebenden Form, aus den flexiblen Gelenken des Reiterarmes. Für diese Form der Zügelführung ist eine absolut unverkrampfte, ausbalancierte Haltung des Reiters Voraussetzung.
Häufig wird davon gesprochen, ein sensibles, weiches Maul des Pferdes zu entwickeln, oder es wird gesagt, ein Pferd sei „hartmäulig".
Mir scheinen diese Definitionen nicht ganz treffend. Aus anatomischer Sicht kann davon ausgegangen werden, daß jedes Pferde-

maul, daß heißt Zunge, Zahnfleisch, Laden und Lefzen, etwa gleich empfindlich oder sensibel ist, wenn es um das Empfindungsvermögen des Pferdes metallenen Gebissen gegenüber geht, die es zu tragen hat.
Das Gefühl der „Hartmäuligkeit" ergibt sich immer dann, wenn Hals- und Schultermuskeln nicht genügend gymnastiziert sind, um entsprechend flexibel bei Druckempfindungen im Maul nachgeben zu können, oder aber wenn durch kräftiges Ziehen am Zügel ein Pferd zu Bewegungsabläufen gebracht werden soll, für deren Ausführung ihm die nötige Kraft oder die Technik und das Balancegefühl fehlen.

Dazu ein Beispiel:
Nehmen wir an, ein Reiter reitet ein Pferd im Galopp und will es anhalten. Zu diesem Zweck zieht er an beiden Zügeln rückwärts, denn „so bremst man Pferde", meint er und so hat er es gelernt! Nun spürt er aber nicht, daß sein Pferd langsamer wird, sondern er fühlt nur, daß das Pferd mit dem Maul immer kräftiger gegen das Gebiß drückt. Nach einigem Geziehe und Gezerre kommen beide irgendwann doch noch zum Stehen. Der Reiter steigt ab, und man spricht von einem hartmäuligen Pferd.
Betrachten wir diesen Vorgang mal aus einer anderen Perspektive. Das Pferd bewegt sich im Galopp. Da es nicht gelernt hat, einen ruhigen, ausbalancierten gleichmäßigen Galopp zu gehen, fehlt es ihm an der nötigen Kraft und Technik, das eigene Gewicht sowie das des Reiters zusätzlich vermehrt mit der Hinterhand zu tragen. Es trägt also vermehrt Last auf der Vorhand und „fällt" in jeden Galoppsprung.
Plötzlich wird ihm über das Gebiß schmerzhafter, zusammenpressender Druck ins Maul gegeben. Das führt zu einer Verkrampfung der Nacken und Halsmuskeln. Im Bestreben, den Druck im Maul loszuwerden, drückt es den Unterkiefer vorwärts dagegen. Der Kopf kommt deshalb hoch und der Rücken wird hohl, damit kommt aber noch mehr Gewicht auf die Vorhand.
Seine ganze Konzentration richtet sich auf die Tatsache, daß ihm im Maul Schmerzen zugefügt werden.
So stolpert es in die langsamere Gangart und kommt zum Stehen oder lernt vielleicht irgendwann, daß es sich aus dieser Situation auch durch vermehrtes Davonstürmen befreien kann.
Eine Vorstellung von einem geordneten Haltevorgang kann sich auf diese Weise für das Pferd niemals ergeben, es kann also niemals

lernen, ausbalanciert und mit aktiv unter dem Schwerpunkt bremsender Hinterhand zum Stehen zu kommen.
Man sollte hier sicherlich nicht von der „Hartmäuligkeit" des Pferdes, sondern vielmehr von der „Härthändigkeit" des Reiters reden. Hartmäuligkeit oder Ignoranz und Widerstand den Zügeleinwirkungen gegenüber kommen immer dann zustande, wenn ein Reiter die Zäumung als Zwangsmittel mißbraucht.
Leider kommt dieser Mißbrauch von Zäumungen auch in der Westernreiterei in allen Bereichen vor.
Eine korrekte Form von einhändiger Zügelführung („Neckreining") kann aber nur aus einem Verfeinerungs- und Sensibilisierungsprozeß in der beidhändigen Zügelführung hervorgehen.
In der beidhändigen Zügelführung während der Grundausbildung wird der richtungweisende (direkte) Zügel impulsgebend seitlich-rückwärts eingesetzt. Dies gilt für die Hackamore-Zäumung wie für das Reiten in der Snaffle-Bit-Zäumung. Der jeweils äußere Zügel wird an den Hals lose angelegt.
Wichtig ist, daß der Reiter darauf achtet, daß sein Pferd immer korrekt mit dem Kopf in die jeweilige Bewegungsrichtung gestellt ist.
Mit der Zeit werden beide Hände immer enger nebeneinander geführt. Es ist auch möglich, die Zügel beide gleichlang in eine Hand zu nehmen. Für seitliche Einwirkungen greift die richtungweisende Hand in den entsprechenden Zügel und gibt seitliche Impulse.
Bei dieser Zügelführung ist ein stetiges Umgreifen notwendig, möchte der Reiter nach rechts einwirken, so sind die Zügel in der linken Hand zu führen, die rechte greift richtungweisend in den Zügel. Bei einer Wendung nach links ist entsprechend umgekehrt zu verfahren.

Die Schenkeleinwirkungen

Die Proportionen des Reiters in Relation zum Pferd bestimmen die praktische Form der Schenkeleinwirkungen. Der Reiter sollte aus einer aufrechten Position das Bein locker unter den Körperschwerpunkt fallen lassen und mit den Fußballen im Steigbügel unter dem Körperschwerpunkt abstützen. Die Fuß-, Knie- und Hüftgelenke sind locker gewinkelt.
Ein gutes Maß für die Länge der Steigbügel ist es, wenn bei locker hängendem Bein die Trittfläche der Steigbügel auf der Höhe des Knöchels hängt.

Eine Schenkelhilfe wird durch Anspannen und Eindrehen der Wade zu impulshaftem Druck an den Pferdekörper gegeben. Jeder Anspannung sollte eine Entspannung der Wade folgen. Eine Intensivierung der Schenkelhilfe geschieht nicht durch vermehrtes Pressen, sondern durch Entspannung und anschließender stärkerer Anspannung.

Wir teilen den Pferdekörper in Höhe der Wade in drei nebeneinander liegende Einwirkungsfelder ein.

Die Normalposition des Beines ruht über dem Einwirkungsfeld für die insgesamt seitlich wirkende Hilfe. Dahinter liegte das Feld, auf das wir für Hinterhandbewegungen einwirken. Wollen wir nur auf die Vorhand einwirken, wählen wir das Feld vor der normalen Position.

Eine Schenkelhilfe bewirkt nicht rein mechanisch beim Pferd die gewünschte Verhaltensweise, vielmehr muß das Pferd lernen, daß mit einem speziellen Impuls auf einen bestimmten Körperteil eine ganz spezifische Bewegung oder Bewegungskette gemeint ist.

Wir geben unsere Schenkelhilfen immer in abgestufter Intensität. Zunächst die feine, dann die deutliche Hilfe, welche gegebenenfalls noch einmal wiederholt wird. Sollte das Pferd nun unlustig oder ignorant sein, wird es über eine Disziplinarmaßnahme, einen kräftigen Knuff mit dem Fuß oder dem Einsatz des Sporens, zur Aufmerksamkeit ermahnt.

In diesem Zusammenhang scheinen mir einige Bemerkungen zum Bereich „Sporen" sinnvoll.

Westernsporen gibt es in den vielfältigsten Formen, damit auch in unterschiedlichster Wirkungsweise.

Aufgrund der Tatsache, daß Westernsporen häufig größer sind als die in der deutschen Reiterei üblichen, ergibt sich für den unkundigen Betrachter zunächst der Eindruck, sie seien in ihrer Wirkungsweise brutaler und schärfer. - Zumindest begegne ich ständig diesem Vorurteil, sowohl bei Reitern als auch bei Nichtreitern.

Dazu ist festzustellen, daß ein Sporenrad um so stumpfer wirkt, je größer seine Auflagefläche ist.

Sporen ohne Rad sind im Bereich der Westernreiterei unüblich. Sie wirken durch punktuellen Stich und können nicht abrollen. Die Gefahr, Verletzungen beim Pferd herbeizuführen, ist sehr groß.

Je mehr Strahlen ein Sporenrad hat, desto leichter rollt es ab, desto flächiger wirkt es. Die Strahlenenden sollen abgerundet oder abgeflacht sein, niemals aber angespitzt.

Sporen, deren Rad beinahe wie eine Scheibe aussehen oder gar eine Scheibe, einem Geldstück ähnlich als Rad haben, wirken am mildesten. Sporenräder, die einer kleinen Scheibe ähneln, aber sägenartig gezackte Zähne am Rand aufzeigen, wirken äußerst scharf und sind im Bereich der Westernreiterei kaum gebräuchlich.
Die Sporen sollten eingesetzt werden, um gegebenfalls einen Schenkeldruck zu verdeutlichen, ihm Nachdruck zu verleihen. Sporen sind nur sinnvoll, wenn das Pferd gelernt hat, dem Druck des Schenkels zu weichen und diese Einwirkungen akzeptiert. Werden sie ohne diese Voraussetzungen eingesetzt, führen sie zu Verkrampfungen am schrägen Bauchmuskel, also an der Seite des Pferdes. Diese Verkrampfungen hemmen die entspannte Vorwärtsbewegung des Pferdes. Häufig wird ein Pferd in solchen Fällen auch gegen den Sporen drängen oder nach ihm schlagen, unruhig tänzeln und mit dem Schweif schlagen.
Beim Anreiten junger Pferde trage ich keine Sporen, sondern erst, nachdem sie mit dem Schenkeleinsatz vertraut sind. Dann bevorzuge ich die milde wirkenden kalifornischen Sporen. Zur Unterstützung der Schenkeleinwirkung kann man außer den Sporen Gerte, Quirt oder Zügelenden einsetzen.

Die Gewichtshilfen

Die Gewichtseinwirkungen des Reiters stehen in den ersten Monaten unserer Ausbildung im Hintergrund.
Der Reiter sollte sich um einen ruhigen, entspannt-passiven Sitz bemühen.
Erst bei der Spezialisierung des Pferdetrainings für die einzelnen Turnierdisziplinen kommt den Gewichts- oder Sitzeinwirkungen etwas mehr Bedeutung zu. Wir beschränken uns zunächst nur auf eine Sitzeinwirkung.
Wann immer wir das Pferd verlangsamen oder anhalten wollen, kippen wir unser Becken etwas nach hinten und lassen uns dabei entspannt in den Sattel „sinken".
Bei der Arbeit mit dem jungen Pferd kann man grundsätzlich sagen, je weniger Einwirkung, desto weniger Verwirrung; passiv reiten ist zu diesem Zeitpunkt die wichtigste Devise.

Der Balance-Sitz

Um all diese Hilfen richtig übermitteln zu können, um das Pferd in seinen Bewegungsabläufen nicht zu stören oder gar zu behindern, ist eine ruhige, entspannte und gleichmäßige reiterliche Haltung in Balanceeinheit mit dem Pferd unbedingt notwendige Voraussetzung.

Falsche Körperaktivitäten, speziell mit dem Oberkörper, sind unbedingt zu vermeiden.

Um einen, den Pferdebewegungen angepaßten, lockeren, ausbalancierten Sitz mit tiefem Körperschwerpunkt zu erlernen, bedarf es einiger Reitpraxis und korrekter praktischer Anleitung.

Loser Zügel am Snaffel-with-Shanks

Loser Zügel am Snaffel-Bit

Snaffel-with-Shanks, Doppelzügel

Hackamore

Two-Reins (Hackamore/California Bridle

California-Bridle

Die korrekte Handhaltung der einhändigen Zügelführung mit Romal-Reins.

Korrekte Handhaltung in den Two-Reins einhändig

zweihändig

Korrekte Handhaltung in der Hackamore, tiefe Handhaltung, Impulse auf einen Zügel.

Impuls auf rechten Zügel, linker ist locker.

Die korrekte reiterliche Haltung.

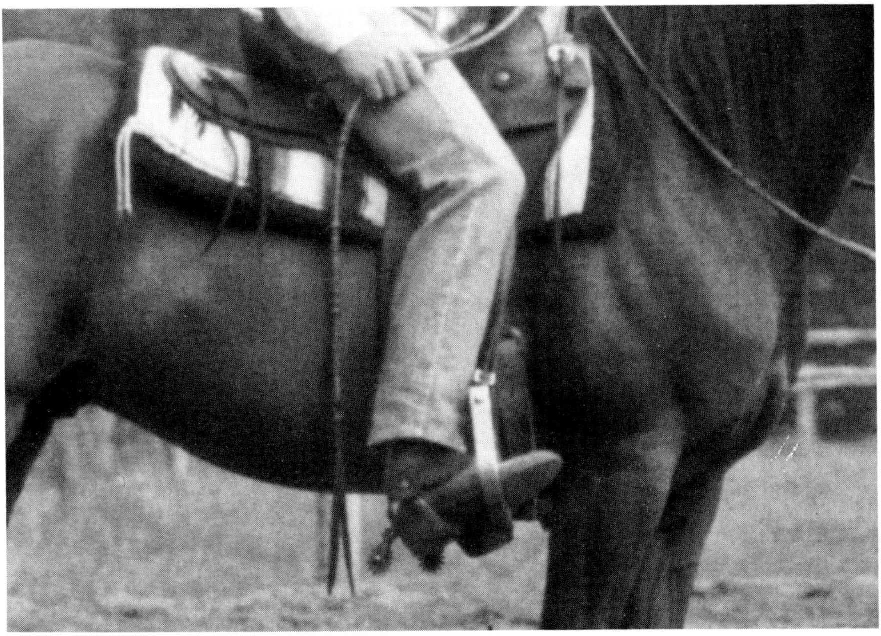

Die Beinhaltung.

Die Handhaltung.

Die Fußhaltung.

Die verschiedenen Positionen für die Schenkeleinwirkung.
Die normale Schenkelposition. Ein Schenkeldruck wirkt in diesem Fall auf das Pferd gerade seitlich, Vorhand wie Hinterhand sollten gleichermaßen seitlich weichen.

Schenkelposition für Einwirkung auf die Hinterhand.

Schenkelposition für Einwirkung auf die Vorhand.
Je feiner das Pferd ausgebildet ist, umso geringfügiger verläßt der Schenkel die mittlere Normalposition, um einen differenzierten Schenkeldruck zu geben.

Die korrekte Beinhaltung aus der Sicht von hinten.

Falsche Beinhaltung, zu weit abgespreizt.

Falsche Beinhaltung, Unterschenkel zu sehr angeklemmt.

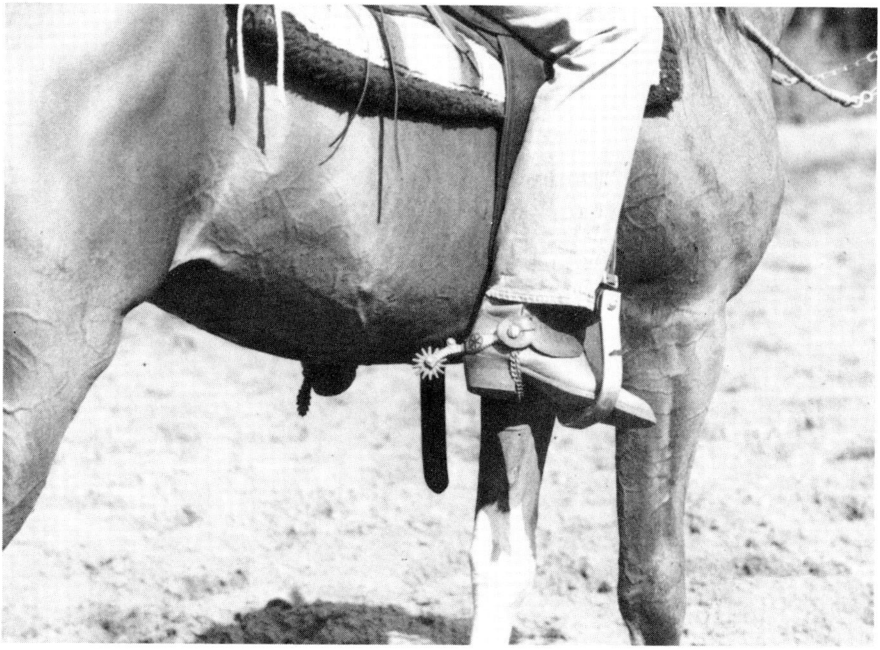

Einsatz des Sporens als Verlängerung oder Verdeutlichung der Schenkeleinwirkung.

Der korrekte Balance-Sitz.

Der Reiter hat zu viel Rücklage, ist damit hinter den Bewegungen des Pferdes und belastet den hinteren Sattelbereich zu sehr.

Der Reiter hat zu viel Vorlage. Das belastet die Vorhand des Pferdes zu sehr und schafft eine unsichere Position im Sattel.

Der Balance-Sitz in verschiedenen Bewegungsabläufen.
Das Pferd bewältigt ein Bodenhindernis.

Es überschreitet eine Wippe.

Es führt einen Sliding-Stop aus.

Es galoppiert auf dem Zirkel

Die korrekte Oberkörperposition, rechtwinkelig zur Längsachse des Pferdes.

Fehlerhafte Oberkörperhaltung, die linke Schulter fällt zu weit zurück.

Eine Übung zur Korrektur dieses Fehlers.

Innere (linke) Schulter fällt zu sehr, die Wirbelsäule des Reiters ist stark gebogen, der sogenannte „Knick in der Hüfte" als Sitzfehler wird hier deutlich gemacht.

Grundsätzliche Reitausbildung des Westernpferdes

Zirkel und Achten

Für die weitere Ausbildung des Pferdes verlasse ich nun den „Breaking-Pen", in dem ich das Pferd noch einige Male geritten habe, bis es unproblematisch Schritt, Trab und Galopp geht, einfache Richtungsänderungen im Schritt und Trab in Form von Achterfiguren ausführt, anhält und ein oder zwei Schritte rückwärts geht. Das Pferd absolviert die folgende Ausbildung in Hackamore oder Snaffle-Bit-Zäumung nach den gleichen Prinzipien.

Ich suche nun meine größere Reitbahn auf, die 25 m mal 60 m groß ist.

Hier fehlt dem Pferd zunächst die Anlehnung an den Zaun, wie sie im engen Breaking-Pen vorhanden war.

Es wird ein wenig unstet herumwandern, es wird ihm nicht möglich sein, auf einer geraden Linie zu gehen.

Vielleicht wird es sogar in Trab oder Galopp fallen wollen, außerdem wird es hierhin schauen und dorthin sehen, da die optische Perspektive absolut neu ist.

Ich lasse mich dadurch aber nicht irritieren, sondern bleibe ruhig und passiv sitzen und lenke es mit seitlich tiefer Zügelführung bei ausbalanciert geradem Sitz auf einen engen Zirkel irgendwo in der Reitbahn. Nachdem das Pferd nun ruhig und gleichmäßig auf diesem Zirkel im Schritt geht, lasse ich es gerade heraus weitergehen. Nach einigen Metern zirkele ich es dann zur anderen Seite. So verfahre ich im Schritt und Trab, wobei ich an immer neuen Plätzen in der Reitbahn meine Zirkelübungen mache.

In den nächsten Tagen verändere ich die Zirkel in der Größe, auch die Geraden zwischen den Zirkeln werden länger.

Ich achte darauf, daß mein Pferd in einer kontinuierlichen Vorwärtsbewegung bleibt. Etwa alle fünf bis zehn Minuten halte ich das Pferd mit „Whoa" und rückwärtswirkenden Impulsen auf einen Zügel an. Wenn es einige Schritte benötigt, um zu verlangsamen und zum Halt zu kommen, so ist das in Ordnung. Da jedes Halt mit einer kleinen Verschnaufpause, wie bei der Longenarbeit, verbunden ist, wird mein Pferd sich freuen, anhalten zu dürfen. Bald wird es ihm zur Gewohnheit werden, auf die immer gleichen Signale hin anzuhalten, ja, es wird sogar reflexartig reagieren.

Wie ein Autofahrer nach einiger Fahrpraxis reflexiv vor einer Am-

pel mit Rotlicht bremst, so reagiert ein Pferd nach einer gewissen Zeit mit ähnlicher Reflexhandlung. Sollte es im frühen Training allerdings einmal, weil ihm der Sinn nach anderen Dingen steht, unsere verlangsamenden Zügelsignale ignorieren oder sogar davonstürmen wollen, so wird das „Doubling" praktiziert.
Doubling ist somit eine wichtige Maßnahme, der einige Bedeutung zukommt. Doubling kann in unterschiedlicher Intensität ausgeführt werden.

Das Doubling

Bei einem in der zuvor beschriebenen Form angerittenen Pferdes ist eine energische Form des Doublings in aller Regel gar nicht notwendig. In den meisten Fällen reduziert sich dieser Vorgang darauf, dem Pferd im weiteren Training immer häufiger Halts oder Stops abzuverlangen, meistens aus dem Trab. Nachdem auf unser Kommando das Pferd zum Stillstand kommt, lassen wir es einige Augenblicke verharren, um es dann mit seitlichen Impulsen zu wenden und in der entgegengesetzten Richtung davonzutraben. Hilfreich ist es, in der Nähe des Zaunes, aber mit einer Pferdelänge seitlichem Abstand, das Pferd zu halten und in Richtung Zaun zu wenden.
Ich zähle auch das Reiten einer langgestreckten Achterfigur in der Nähe des Zaunes zum Bereich des Doublings. Hier verfahre ich so, daß ich beinahe parallel zum Zaun trabe. Ich nehme meine Hand als Vorankündigung für die Wendung in Richtung Zaun seitlich tief heraus. Dann gebe ich möglichst feine seitliche Impulse auf die Hackamore. Das Pferd wird sich beim Herausnehmen der Hand schon für die Wendung vorbereiten und mit dem inneren Bein vermehrt unter den Schwerpunkt treten, gleichzeitig wird es etwas im Tempo verlangsamen. So lernt es für Wendung und Stop mit der Zeit, die richtige Beinposition und Balance einzusetzen.

Jetzt aber noch einige Worte zum harten Double

Solange ein Pferd prinzipiell auf die Hackamoreeinwirkung reagiert, und sei es mit der kleinsten Temporeduzierung oder Richtungsänderung, ist alles in Ordnung.
Nur bei deutlicher Ignoranz oder Widersetzlichkeit den Zügelimpulsen gegenüber ist ein kräftiges, energisches Einwirken mit der Hackamore gerechtfertigt, dann aber auch notwendig!
In diesem Fall gibt man, nachdem man die Mecate etwa 30 cm hinter

dem Bosal gefaßt hat, vom losen Zügel einen kräftigen seitlich wirkenden Anschlag. Der muß so intensiv geführt werden, daß das Pferd prompt aus der Richtung geworfen wird und in etwa in die Gegenrichtung schaut. In diese Richtung läßt man es dann einige Meter laufen, um es in gleicher Form zur anderen Seite zu doubeln. Zu jedem Double sagt man dem Pferd das ,,Whoa".

Im bisherigen Training hat unser Pferd sich niemals außerhalb der Kontrolle durch den Reiter oder Menschen bewegen können.

Sinn des energischen Double ist es, diesen grundsätzlichen Respekt und die Nachgiebigkeit allen menschlichen oder reiterlichen Einflüssen gegenüber zu erhalten.

Das Pferd macht in dieser Situation folgende Erfahrung: Es wollte sich der Kontrolle durch den Reiter bewußt widersetzen und entfliehen.

Aber schon nach den ersten Schritten dieser Flucht wird es zum Stehen gebracht und schaut in die Richtung, aus der es kam. Es kann nicht genau realisieren, was da geschah, es wird nur sehr bald lernen, daß das Davonlaufen oder der Widerstand gegen das Bosal keine praktikablen Möglichkeiten sind.

Um das energische Doubling richtig auszuführen, benötigt der Reiter einige Routine.

Der grundsätzliche Sinn des Doublings liegt darin, dem Pferd die Flucht oder Widersetzlichkeit unmöglich zu machen. Dazu muß der Reiter es mit dem Zügelanschlag überraschen. Spannt das Pferd erst einmal seine Halsmuskeln und ,,macht sich fest", ist der Reiter hilflos, und die Erfahrung des Pferdes ist genau gegenteilig zu der vom Reiter beabsichtigten. Es lernt, durchzugehen.

Auch sollte der Reiter nicht versuchen, das Pferd mit schmerzhaften Rucken am Kopf zu ,,strafen". Das würde exakt das Gegenteil der beabsichtigten Reaktion herbeiführen.

Das Doubling sollte in der Hackamore praktiziert werden oder in der Trensenzäumung mit ,,Bit-Guard".

Zirkel

Nachdem das Pferd sich nun unter dem Sattel im Tempo grundsätzlich kontrollieren läßt, jederzeit anzuhalten ist und einfache Richtungsänderungen über seitliche Zügelsignale ausführt, kann ich mich mit einer der fundamentalen Grundübungen für Westernpferde beschäftigen. Diese Grundübung ist die Arbeit in allen Gangarten auf dem Zirkel.

Es wird dabei ohne beständigen Zügelkontakt geritten. Nur, wenn es die Zirkelübung insgesamt verlassen will, wird es über richtungweisende Impulse mit den Zügeln und den Schenkeln korrigiert. Auf das Tempo wird zunächst kein Einfluß genommen, nur die von mir bestimmte Gangart darf es nicht selbständig verändern. Versucht es das, wird es frühzeitig korrigiert. Um das Pferd anzugaloppieren, gebe ich mein Kommando, welches es von der Longenarbeit kennt. Zusätzlich gebe ich mit dem äußeren Schenkel Impulse in dem Augenblick, da es mit dem inneren Hinterbein auffußt. Erfahrungsgemäß galoppiert das Pferd dann richtig an.
So lernt es alsbald, selbständig ein regelmäßiges Tempo in jeder Gangart zu finden und die vorgegebene Zirkellinie in etwa beizubehalten.
Wichtiger Grundsatz bei dieser Arbeit ist:
Der Reiter verhält sich passiv, es sei denn, das Pferd versucht, Richtung oder Gangart selbständig zu verändern. In diesem Falle wird er es ruhig, aber konsequent korrigieren. Das Pferd wird so zu selbständigem richtigen Verhalten erzogen, eine Maßnahme, die sich durch das weitere Training fortsetzt.
Täglich 15-20 Minuten solcher Zirkelarbeit im Trab und Galopp mit kleinen Pausen in fünfminütigen Abständen bestimmen für die nächsten Wochen den Trainingsalltag.
Ich arbeite das Pferd zu beiden Richtungen. Auf der steiferen Seite bewege ich es etwas häufiger.
Ich beginne zunächst in der Zirkelübung mit einem Durchmesser von ca. 25 Metern. Nach einigen Wochen verkleinere ich den Zirkel. Solange das Pferd keine Probleme hat und den ruhigen Bewegungstakt und die Balance halten kann, können die Zirkel dann immer kleiner werden, bis etwa 15 Meter Durchmesser. An diese tägliche Zirkelarbeit füge ich noch etwa 15-20 Minuten ruhige Arbeit an, wie etwa das Rückwärtstreten, das „Tucking" oder Übungen in den Seitengängen.

Das Rückwärtstreten

Das Rückwärtstreten kennt das Pferd schon von der Bodenarbeit an der Hand. Es wird also normalerweise vom Sattel aus auch kein großes Problem sein, das Pferd ein oder zwei Schritte rückwärts treten zu lassen.
Hierzu gebe ich ihm, anschließend an eine Halteübung, das stimmliche Kommando für „rückwärts" und zupfe gerade rückwärts an ei-

nem Zügel. Zusätzlich wirken meine Schenkel mit leichtem Impulsdruck auf die Seiten des Pferdes ein. Sobald es seinen Schwerpunkt zurück verlagert, lasse ich mit Schenkel und Zügelimpuls nach. Ich lobe es und klopfe es am Hals. Dann wiederhole ich diesen Vorgang für einen weiteren Rückwärtsschritt mit Impulsen auf dem anderen Zügel. In den nächsten drei Wochen fordere ich kaum mehr als jeweils drei Rückwärtsschritte. Später kann man die Anzahl der Schritte wie auch das Tempo graduell steigern.
Ich versuche von Anfang an darauf hinzuwirken, das Pferd gerade rückwärts treten zu lassen. Sollte es seinen Schwerpunkt nach rechts oder links verschieben, begrenze ich es durch Schenkelimpulse.

Die Wendung aus dem Halt **(Set and Turn)**

Diese Grundübung ist neben den Zirkelübungen von fundamentaler Bedeutung für das Westernpferd.
Ich beginne frühzeitig, es mit der dafür notwendigen Bewegungstechnik vertraut zu machen, ohne es jedoch körperlich zu sehr zu strapazieren.
Es lernt, sein Gewicht für spätere Stops und Wendungen auf die Hinterhand zu übernehmen.
Es soll zu diesem frühen Zeitpunkt nur eine grundsätzliche Vorstellung von diesen Bewegungsabläufen bekommen, ohne sich anstrengen zu müssen.
Ich lasse das Pferd dazu mit etwa 1,50 Meter Abstand entlang des Zaunes traben.
Nach einigen Metern bringe ich es mit „Whoa" und gerade rückwärtsgerichteten Impulsen zum Stehen. Beide Zügel hängen leicht durch. Nach einigen Sekunden des Verharrens gebe ich dem Pferd seitliche Impulse in Richtung Zaun. Nachdem es seine Wendung fast vollständig ausgeführt hat, gebe ich ihm mit meinem Quirt einen ruhig geführten Schlag auf die Kruppe. Das beschleunigt seine Bewegung augenblicklich und läßt es in Trab oder Galopp fallen.
Ich lasse es einige Zirkel gehen und bringe es an einem anderen Punkt am Zaun wieder zum Halt. Nun wiederhole ich die gleiche Übung zur anderen Seite.
Pro Tag sollte man diese Form der Wendung nicht häufiger als drei-, viermal pro Seite ausführen, da das Pferd ansonsten zu nervös wird.
Diese Übung bringt das Pferd dazu, sein hinteres inneres Stütz- und Drehbein vermehrt unter den Schwerpunkt zu setzen und die Wendung hinterhandaktiv auszuführen.

Das Flexen oder „Tucking"

Mit fortschreitendem Training wird das Pferd immer mehr Routine in den von mir geforderten Bewegungsabläufen entwickeln. Es wird auf immer feinere Signale reagieren und die Übungen immer entspannter und lockerer ausführen. Ich strebe nun vermehrt an, die weiche Nachgiebigkeit im Genick auf jeden Zügelimpuls zu fördern. Schon im vorangegangenen Training habe ich immer dann die Nase des Pferdes mit einem Anschlag des zweiten Zügels heruntergebracht, wenn es diese einmal in Reaktion auf einen Zügelimpuls hochnahm. Nun kultiviere ich dieses Verhalten, bis die natürliche Beizäumungshaltung am losen Zügel zur Selbstverständlichkeit für das Pferd geworden ist.
Dazu ist ein stetiger, langwieriger Gymnastizierungsprozeß der Nakken- und Halsmuskeln notwendig.
Angestrebtes Ziel ist es, auf jedes noch so feine Zügelsignal weiche Nachgiebigkeit im Genick zu fühlen. Diese willige Nachgiebigkeit schützt das Pferd später in der Stangenzäumung vor schmerzhaften Einflüssen des Gebisses im Maul.
Dazu sind lockere Nacken- und Halsmuskeln notwendig sowie eine Kopfposition mit Tendenz zur senkrechten Nasenlinie hin. Wie die optimale Position auszusehen hat, hängt von den anatomischen Voraussetzungen eines jeden einzelnen Pferdes ab.
Diese Beizäumungshaltung ist auch nur in Verbindung mit einer aktiven Hinterhandtätigkeit sinnvoll und nützlich. Um diese Genickflexibilität zu fördern, trabe ich das Pferd. Aus dem Trab bringe ich es über wechselseitig auf der Höhe der Fork des Sattels gegebene, gerade rückwärtswirkende Impulse zum Schritt. Nach einigen Metern Schritt nehme ich Kontakt mit einem Zügel auf und treibe das Pferd mit beidseitigen Schenkelimpulsen in Trab. Ich achte darauf, meine Impulse auf das Bosal dosiert so zu geben, daß das Pferd keinen Widerstand produziert. Sollte sich das Pferd im Genick festhalten oder den Kopf hochnehmen, korrigiere ich gleich mit dem zweiten Zügel. - Diese „Tucking"-Übungen ziehen sich durch das gesamte Grundtraining des Pferdes, der Reiter muß hier sehr einfühlsam mit den Händen arbeiten und später auch mit beidseitigen Schenkelimpulsen das Pferd zum „Untertreten" während des Beizäumens motivieren.

Seitengänge

Das Pferd sollte nun etwas mehr über unsere Schenkeleinwirkungen lernen.
Die Schenkelhilfen dienen dem Reiter dazu, das Pferd in seinem Tempo zu beeinflussen und es seitlich begrenzend zu kontrollieren.
Im weiteren soll das Pferd dem Schenkel seitlich weichen.
Schon während der Bodenarbeit lernte das Pferd, dem seitlichen Druck auf den Körper zu weichen, es hat also eine grundsätzliche Vorstellung, wie es auf meinen Schenkeldruck reagieren soll.
Ich lenke das Pferd im Schritt auf einen kleinen Zirkel. Nach einigen Runden gebe ich mit meinem inneren (Unter-)Schenkel ruhigen, kräftigen Impulsdruck im Schrittrhythmus immer dann, wenn sich das äußere Vorderbein in der Schwebephase befindet. Das Pferd sollte nun graduell den Zirkel vergrößern. Sobald ich seine Nachgiebigkeit spüre, wenn es also beginnt, seinen Schwerpunkt seitlich vorwärts zu verschieben, stelle ich meine Schenkelimpulse ein, klopfe es am Hals und lobe es.
Diesen Ablauf wiederhole ich einige Male, dann wechsele ich zur anderen Seite und verfahre gleich.
Nach einigen Tagen der Wiederholung steigere ich meine Anforderungen. Ich reite das Pferd auf einer Geraden, parallel zum Zaun, im Schritt. Der Abstand beträgt etwa zwei bis drei Meter.
Nehmen wir an, der Zaun ist an meiner linken Seite. Mit dem rechten Zügel gebe ich Impulse wie beim „Tucking". das Pferd wird im Genick etwas nachgeben und anhalten wollen oder langsamer werden. Nun gebe ich mit meinem rechten Schenkel Schenkelimpulse seitwärts durch eindrehen der Wade. Das Pferd wird nun, wenn ich zwischen Zügelimpuls und Schenkeldruck richtig dosiere, einen Schritt diagonal links vorwärts in Richtung Zaun machen.
Ich halte es mit „Whoa" an, lobe und klopfe es. Danach reite ich wieder im Schritt an und wiederhole das Manöver in gleicher Form. Nach etwa vier bis fünf solcher Übungen bin ich auf dem Hufschlag am Zaun. Hier reite ich nach dem letzten Seitenschritt ohne anzuhalten weiter geradeaus. Nach etwa fünf Minuten wiederhole ich den gleichen Vorgang.
Beim dritten Mal sollte das Pferd schon Anzeichen zeigen, in Richtung Zaun diagonal seitwärts zu gehen, sobald ich beginne, entsprechend einzuwirken.
Ist das der Fall, beende ich nach dieser Übung das Training für diesen Tag.

Im weiteren Training wird nun der Schenkelgehorsam spielerisch durch häufige, kurzfristige Übungen gefestigt. Bald wird das Pferd den begrenzenden Schenkel respektieren oder einem anderen Schenkeldruck weichen. Mit anderen Worten: nach einigen Wochen ist das Pferd absolut schenkelgehorsam.

Das Angaloppieren

Vom Longentraining und vom „Breaking Pen" und den Zirkelübungen kennt das Pferd schon Links- und Rechtsgalopp.
Unser Trainingsziel ist nun aber, es nicht nur auf dem Zirkel im richtigen Galopp anzugaloppieren, sondern auch auf der Geraden.
Voraussetzung dafür, daß das Pferd nicht durch den Reiter bei dieser Übung irritiert wird, ist dessen absolut ruhiger ausbalancierter Sitz.
Allzu häufig sehe ich Reiter seitlich vornüberkippen oder abrupte Oberkörperbewegungen ausführen. Wieder andere „arbeiten" energisch in den unterschiedlichsten Positionen mit den Schenkeln. In diesem Stadium des Trainings gilt der Grundsatz bezüglich der Hilfengebung: „Je weniger, desto besser" besonders.
Jedes Pferd kann Rechts- oder Linksgalopp von Natur aus. Um in der gewünschten Form angaloppieren zu können, benötigt es aber vor allen Dingen eine stabile, ausgewogene Gleichgewichtssituation. Der Reiter muß nur ein verständliches, auf den Bewegungsablauf abgestimmtes Signal immer dann geben, wenn es dem Pferd sinnvoll erscheint und leichtfällt, in der gewünschten Weise anzugaloppieren.
Schon auf dem Zirkel habe ich dem Pferd zum Angaloppieren jeweils Impulse mit dem äußeren Schenkel gegeben. Nun trabe ich in ruhigem Tempo parallel zum Zaun. Mein Pferd kann mittlerweile einige diagonale Schritte im Trab schenkelweichend seitwärts-vorwärts treten. Also lasse ich es in flüssiger Schrittfolge bis zum Zaun schenkelweichen. Ich richte es so ein, daß ich etwa 2 bis 3 Meter vor einer Ecke der Reitbahn den Hufschlag erreiche. Nun wechsele ich, einen ruhigen ausbalancierten Sitz beibehaltend, meine Schenkelaktivität auf das Bein an der Zaunseite und gebe gleichzeitig mein stimmliches Kommando für Galopp, dem Pferd von der Longenarbeit bekannt.
Es wird, durch die kommende Ecke motiviert, den gewünschten Galopp aufnehmen. Diese Übung wiederhole ich zur anderen Seite hin

in gleicher Manier. Mit der Zeit, nach einigen Tagen, wird der Abstand zur Ecke vergrößert.
Wenn das Pferd einmal im falschen Galopp anspringen sollte, so bringe ich es in Schritt, gehe zur Ausgangsposition zurück und absolviere die Übung an der gleichen Stelle noch einmal.
Um das Pferd auch unabhängig vom Zaun links wie rechts angaloppieren zu können, übe ich nach dem gleichen Prinzip in folgender Form:
Ich lasse das Pferd vom Zaun zur Mitte hin schenkelweichen und galoppiere dann etwa auf der Mittellinie der Reitbahn an. Da die schenkelweichende Übung vom Pferd Konzentration und Anstrengung erfordert, erscheint ihm das Angaloppieren jeweils als Erleichterung und wird von ihm förmlich „angestrebt".

Reiten im Gelände

Das Reiten des jungen Pferdes im Gelände sollte in die Grundausbildung mit einbezogen werden. Ein ruhiger Ritt durch abwechslungsreiches Gelände ist für ein junges Pferd lehrsam und entspannend zugleich.
Während es in der Reitbahn mit der Zeit bestimmte Punkte mit angenehmen oder unangenehmen Empfindungen verknüpft und uns entsprechende Verhaltensweisen präsentiert, kann abwechslungsreiches Gelände als echte Trainingsalternative dienen.

Zum Reiten im Gelände gibt es die unterschiedlichsten Ansichten.

Wir können unsere hiesige Situation wie enge Besiedelung, Reiten auf Wegen und Stegen und dem Pferd fremde und furchteinflößende Umweltbedingungen etc. nicht mit der Situation des amerikanischen Ranchcowboys und seines Pferdes vergleichen.
So bin ich der Meinung, zu diesem Thema müssen unsere ganz speziellen Voraussetzungen berücksichtigt werden.
Ich begegne vielen Menschen, die die Philosophie vertreten: Einem Pferd muß im Gelände Gelegenheit gegeben werden, alles untersuchen, betasten, beschnuppern und betrachten zu dürfen. Dabei etliche Male zur Seite auszubrechen, rückwärts zu laufen usw. ist die natürliche Reaktion. - Ein Pferd wird sich so vielleicht an bestimmte Situationen gewöhnen, betrachtet es diese aber aus einem anderen Blickwinkel, zu einer anderen Tageszeit oder unter anderen Voraussetzungen, wird es sich wieder erschrecken, scheuen und zu fliehen versuchen.

So zu verfahren ist aus meiner Sicht das Eingeständnis der Unfähigkeit, das Pferd reiterlich kontrollieren zu können. Das Westerntraining zeichnet sich aber vor allem dadurch aus, daß das Pferd sich ständig in der Kontrolle des Reiters befinden sollte. Dies ist uneingeschränkt auch auf das Reiten im Gelände zu übertragen; auch dort sollte jeder Schritt des Pferdes durch den Reiter kontrollierbar sein. Das heißt, ein Reiter sollte erst mit seinem Pferd ins Gelände gehen, wenn er das Gefühl der umfassenden Kontrolle über alle Bewegungen in der Reitbahn hat.
Er kann sich zudem einige Situationen schaffen, die denen im Gelände zu erwartenden ähnlich sind, z. B. Auto- oder Traktorenlärm, flatterndes Plastik, Wasser, Brücken o. ä. sind ebenfalls zu simulieren. Das Arbeiten an solchen Situationen unter den Sicherheitsaspekten der heimischen Trainingsanlage zeigt ihm, wie weit es tatsächlich mit der Kontrolle über das Pferd bestellt ist.
Wann immer ein Pferd Angst vor bestimmten Situationen hat, gilt es, folgendes zu berücksichtigen:

Das Pferd muß den Reiter in der Alpha-Position respektieren, es muß seine Aufmerksamkeit auf den Reiter richten und somit vom angstauslösenden Objekt fortnehmen.
Wenn das nicht gänzlich gelingt, so muß zumindest eine wechselnde Aufmerksamkeit für Objekt und den Reiter zustande kommen.
Das Pferd bekommt Gelegenheit dazu und muß still stehen (begrenzende reiterliche Einwirkungen).
Der Reiter muß Ruhe und Bestimmtheit vermitteln.
Er führt das Pferd vermittels gleicher Hilfen und Bewegungsabläufe, wie in der Reitbahn, an der Situation vorbei oder durch sie hindurch.
Nach Bewältigen der Situation sollte folgender Eindruck beim Pferd zurückbleiben.
„Die Situation bekommt keinen Ausnahmecharakter, sondern war eine Episode am Rande." Es findet Anleitung und Rückhalt beim Reiter.
Eigene Entscheidungen in bezug auf das grundsätzliche Akzeptieren der Situation sind nicht möglich.
Flucht, in welche Richtung auch immer, ist nicht möglich.
Manch ein Reiter wird nun sagen: Das alles zusammen ist unmöglich, ganz besonders mit einem jungen Pferd.
Aus Erfahrung kann ich sagen, daß es möglich ist.
Oft genug habe ich es auch in Kursen oder bei ähnlichen Anlässen demonstrieren können.

Voraussetzung allerdings ist, daß das Pferd
- den Reiter in seiner Alpha-Position respektiert
- die reiterlichen Einwirkungen als Mittel der Verständigung kennt und akzeptiert
- daß der Reiter ruhig und bestimmt ist
- daß er seine Einwirkungen klar und verständlich in gleicher Form wie im Training gibt
- daß er dem Pferd immer wieder kleine Denkpausen erlaubt
- daß er jeden Schritt zur angstauslösenden Situation mit Lob und Aufmunterung verbindet
- jeden Schritt vom Objekt fort (Fluchtversuch) sofort konsequent unterbindet oder korrigiert und nicht wütend oder ungeduldig wird.

Ich bewältige kritische Situationen im Gelände immer mit der gleichen Systematik.

Im übrigen ist es wichtig, bei den Ritten im Gelände immer wieder für einige Minuten die Grundübungen des Reitbahntrainings kurz zu praktizieren. Das Pferd lernt so, daß im Gelände die gleichen Regeln zwischen Pferd und Reiter gelten wie in der Reitbahn.

Nach den ersten Ausritten im Gelände, die für das Pferd sehr aufregend waren und im Schritt absolviert wurden, normalisiert sich das Verhalten des Pferdes und ich kann es ebenso ruhig und ausgeglichen in Wald und Flur wie in der Reitbahn reiten.

Nun übertrage ich die in der Reitbahn erworbenen und vertieften Bewegungsabläufe und Verhaltensweisen auch auf unsere Ausritte. Begünstigen Bodenverhältnisse und Umgebung das, so absolviere ich für fünf bis zehn Minuten eingige Grundübungen (Stop und Turn, Rückwärtstreten, Schenkelweichen, Zirkel und Achten usw.). Danach gönne ich meinem Pferd einige Minuten Verschnaufpause und setze dann den Ausritt fort.

Überaus wichtig ist es, nicht immer an den selben Plätzen oder Orten gleiche Übungen zu wiederholen.

Bisher fanden alle Ausritte ohne die Gesellschaft anderer Pferde statt. Das hatte seinen Grund.

Läßt man junge Pferde unter dem Reiter in einer Gruppe „mitlaufen" oder nimmt sie als Handpferde mit, so gewöhnen sie sich zu sehr daran, sich in ihrem Verhalten an der Gruppe zu orientieren. Sie lernen zwar manche Situation kennen und akzeptieren sie in der Geborgenheit der Gruppe (Herde), allein aber reagieren sie ängstlich und unsicher. Solche Pferde sind häufig nicht vor der Gruppe, hinter der Gruppe oder von ihr fortzureiten.

Beim gut ausgebildeten Westernpferd streben wir an, daß es sich absolut unabhängig von anderen Pferden, deren Tempo, Bewegungsrichtung und Position nur den Einwirkungen des Reiters folgend, bewegt und verhält.
Dies setzt eine systematische Erziehung zur „Unabhängigkeit von der Herde" voraus, praktisch ein außer Kraft setzen des Herdeninstinktverhaltens, sobald das Pferd geritten wird.
Zu diesem Zweck begleitet mich auf meinen Ausritten dann ein zuverlässiger Reiter, in aller Regel meine Frau, mit der ich ohne viele Erklärungen oder Zurufe im Team arbeiten kann.
Zweck dieser Ausritte ist zunächst, mein junges Pferd daran zu gewöhnen, sich nicht an anderen Pferden zu orientieren.
Wir reiten selten dicht beieinander, sondern mit Abstand zueinander. Der Abstand zwischen beiden Pferden variiert zwischen einigen Metern und einigen Hundert Metern.
Sobald das Begleitpferd außer Sichtweite gerät oder die Entfernung sich über ein bestimmtes Maß vergrößert, wird mein Pferd unruhig werden, zu drängen beginnen, unaufmerksam und unempfindlich meinen Einwirkungen gegenüber sein.
Um die Kontrolle zu behalten, müßte ein Reiter nun härter und dauerhafter, speziell über die Zäumung, einwirken. Das würde sehr schnell zu einem Abstumpfungsprozeß gegenüber den Hilfen führen und im übrigen das Pferd zu einem Hektiker machen. Um diese Entwicklung zu verhindern, werde ich, sobald mein Pferd zu drängen beginnt, meinem Begleiter ein Zeichen geben (Pfiff, Zuruf). Ideal ist es aber, wenn der Begleiter immer ein Auge auf meine Situation hat und selbständig richtig reagiert.
Sobald mein Pferd Unruhe zeigt, sollte mein mit Abstand vor mir reitender Begleiter umkehren und in meine Richtung zurücktraben oder galoppieren. Die Chancen sind gut, daß mein Pferd sich sofort beruhigt, wenn es seinen Pferdekollegen zurückkommen sieht. In diesem Falle reite ich am losen Zügel im Schritt in gleicher Richtung weiter. Sollte es aber weiter drängen, halte ich es an und lasse es still stehen. Nachdem mein zurückkehrender Begleiter mich erreicht hat, reitet er in gleichem Tempo ohne Unterbrechung den Weg, den wir kamen, weiter zurück. Ich hingegen reite in alter Richtung im Schritt weiter. Über alle Maßen verblüfft wird nun mein junges Pferd sein. Es freute sich, das sein Freund zurückkam, muß dann aber feststellen, daß er kleinerlei Notiz von ihm nahm und vorbeilief.
Der Begleiter wendet irgendwann sein Pferd und überholt mich nun

im Trab oder ruhigen „Canter". Immer noch im Schritt fällt es mir leicht, mein Pferd daran zu hindern, hinterdrein zu stürmen.
Bevor die Distanz zu groß wird, pariert mein Begleiter zum Schritt durch. Nun trabe ich meinerseits an und überhole ihn, kehre um und reite an ihm vorbei den Weg zurück, um dann wieder in ursprünglicher Richtung bis zu einem Punkt zu reiten, an dem die Distanz kurz genug zum Begleiter ist, so daß mein Pferd nicht drängt.
Ähnlich kann man Weggabelungen, Stoppelfelder und Wege, bei denen der Sichtkontakt unterbrochen wird, usw. nutzen.
Das Grundprinzip ist dabei immer: Die Pferde sollen einander häufig begegnen oder sich überholen, ohne das Gefühl der Zusammengehörigkeit entwickeln zu können.
Nach einigen solcher Ausritte ist es wenig problematisch, das junge Pferd autonom mit anderen Pferden zu reiten. Sollte es einmal rückfällig werden und hinter einer Gruppe herdrängen, so lasse ich es kleine Kreise gehen, bis es sich in ruhigem Schritt in der alten Richtung reiten läßt: Sollte keine Beruhigung möglich sein, so wende ich und reite den Weg zurück nach Hause.
Mit fortschreitender Grundausbildung wird das junge Pferd in Bahn und Gelände so trainiert, daß es im Gefühl der Kontrolle durch den Reiter Selbstvertrauen in seine eigenen Fähigkeiten aufbaut. Es erlernt alle fundamentalen Bewegungsabläufe mit ruhiger Sicherheit auszuführen. Es reduziert sein Flucht- und Herdeninstinktverhalten unter dem Reiter, die Hilfengebung des Reiters kann sich mehr und mehr verfeinern.
Die Grundausbildung zum Westernreitpferd ist jetzt abgeschlossen. Das Pferd beherrscht in Reitbahn und Gelände die Grundgangarten, läßt sich links wie rechts angaloppieren und bleibt in jeder Gangart im ruhigen Tempo. Es ist auch in schwierigen Situationen kontrollierbar. Es wird in der beidhändigen Zügelführung, Wassertrense oder Bosal geritten.
Seitdem mit dem Training begonnen wurde, sind drei bis sechs Monate vergangen, je nach Voraussetzungen und Trainingsfortschritten des einzelnen Pferdes.
Es wurde regelmäßig und in kleinen Lernschritten gearbeitet, psychisch und physisch nicht überfordert.
Jetzt kann langsam damit begonnen werden, es auf die einhändige Zügelführung umzustellen oder es wird zunächst noch in der beidhändigen Zügelführung häufig im Gelände geritten, um seine Muskeln und Sehnen weiter zu kräftigen und zu festigen. Hin und wieder werden die Grundübungen ruhig und geduldig perfektioniert.

Ein Westernpferd wird bei jedem Wetter und in jedem Gelände geritten.

Widersetzlichkeiten

Wann immer wir mit Pferden arbeiten, werden wir mit Widersetzlichkeiten ihrerseits konfrontiert.

Diese Widersetzlichkeiten haben ihre unterschiedlichsten Ursachen.

Nur, wer nach den Ursachen forscht, sie berücksichtigt und sinnvolle Korrekturmaßnahmen anwendet, wird eine positive Änderung des Pferdeverhaltens erreichen können.

Was produziert nun Widersetzlichkeiten beim Pferd?

Um diese Frage zu beantworten, könnte man ein ganzes Buch füllen. Ich muß hier vereinfachen und auf das Wesentliche reduzieren. Ich teile die Ursachen für Widersetzlichkeiten in fünf Gruppen ein:

1. Angst
2. Unverständnis den menschlichen Forderungen oder Maßnahmen gegenüber
3. Körperliche Unzulänglichkeit, Verkrampfung und Schmerz
4. Unlust
5. Mißachtung der Leittierfunktion des Menschen.

In den ersten drei Ursachengruppen wäre es absolut unsinnig, Zwangsmaßnahmen anzuwenden.

Wenn man berücksichtigt, daß Überforderung in diesen Fällen „Unlust" produziert und im Wiederholungsfalle sogar zum Gewohnheitsverhalten werden läßt, kann die Schlußfolgerung nur sein: Unlust ist bei einem (durch den Menschen) unverdorbenen Pferd selten Ursache für Widersetzlichkeiten.

Mißachtung der Alpha-Position gegenüber dem Menschen resultiert ausschließlich aus Versäumnissen oder Fehlern des mit dem Pferd umgehenden Menschen.

Da nach meiner Erfahrung die Mehrzahl der Reiter, ganz gleich, welchen Reitstil oder welche Reitweise sie praktizieren, bei Widersetzlichkeiten ihrer Pferde zu Zwangsmaßnahmen neigen, möchte ich die oben erwähnten Widersetzlichkeiten einmal in Relation zu solchen Zwangsmaßnahmen stellen.

Angst:

Kann man jemanden zwingen, keine Angst zu haben? Ich denke, das ist unmöglich.

Angst schwindet am leichtesten, wenn eine Vertrauens- und Respektsperson Unterstützung und Anleitung gibt und dabei ein hohes Maß an Ruhe und Sicherheit ausstrahlt.

Unverständnis:

Kann man einen Eskimo zwingen, Tango zu tanzen, nachdem man es ihm in deutscher Sprache, die er naturgemäß nicht verstehen kann, erklärt hat?
Ich denke, es ist unmöglich.
Nur andere, für ihn verständliche Formen der Erklärung können ihm unser Verlangen verständlich machen.
Körperliche Unzulänglichkeit:
Kann man jemanden zwingen, 10 m auf einem Hochseil zu laufen, wenn er es nicht gelernt hat, wenn das Balancegefühl fehlt?
...hundert Liegestützen zu machen, wenn die Kraft nur für zehn reicht?
...mit einer Muskelzerrung im Bein gleichmäßig zu laufen, oder gar einen Hochsprungrekord aufzustellen?
Auch hier würden Zwangsmaßnahmen unmöglich zum gewünschten Resultat führen. Nur die Arbeit an den fundamentalen Grundübungen, die langwierige körperliche Kräftigung durch sinnvolles Training und das Ausheilen von Verletzungen bringen hier Abhilfe.
Unlust:
Kann man jemanden zwingen, Lust zur Arbeit zu haben, wenn er ruhen möchte?
Man kann ihn zur Arbeit (Anstrengung) zwingen, Lust zur Arbeit bekommt er nur durch sinnvolle Motivation (Belohnung).
Auch im fünften Widersetzlichkeitsbereich, mangelnder Respekt, würden Gewalt und Zwangsmaßnahmen nur das Rechtsempfinden des die Alphaposition verteidigenden Pferdes verletzen und größten Widerstand produzieren. Hier wird eine grundsätzliche Neuordnung der Rangverhältnisse notwendig.
Zwangsmaßnahmen sind also prinzipiell das ungeeignetste Mittel, um Widersetzlichkeiten zu korrigieren.
Im Umgang mit dem Pferd sollte man immer darauf bedacht sein, und das gilt in ganz besonderem Maße für die Grundausbildungszeit, Fehlverhaltensweisen gar nicht erst zu ermöglichen, keinen Grund für Widersetzlichkeiten zu geben.
Kommt es aber trotzdem zu Fehlverhaltensweisen und Widersetzlichkeiten, sollte man energisch und konsequent, aber absolut emotionslos, danach trachten, durch geeignete Maßnahmen die Fehlverhaltensweisen zukünftig im Ansatz zu unterbinden oder aber mit unangenehmen Empfindungen für das Pferd verknüpfen.
Jede Tendenz zum gewünschten „richtigen" Verhalten sollte besonders deutlich mit angenehmen Empfindungen verbunden werden. So wird sich das Pferd selbst bei regelmäßiger Berücksichtigung

dieser Maßregeln während des gesamten Trainings für die „angenehmere" Konsequenz entscheiden, somit den aus unserer Sicht richtigen Verhaltensweisen zustreben und keine Veranlassung haben, Widersetzlichkeiten zu produzieren.

Zusammenfassung der Grundausbildung des Westernpferdes

Das Westernpferdetraining ist einem Entwicklungsprozeß unterworfen gewesen, der sich an regionalen, zweckdienlichen Belangen orientierte.
Von jedem einzelnen Trainer wurden individuelle Techniken praktiziert. Westernreiterei war niemals eine „Schulreiterei", wie wir sie in Europa im reiterlichen Bereich herkömmlicher Art kennen, sondern Gebrauchsreiterei, die später zur Sportreiterei erweitert wurde.
Es gibt kein feststehendes, niedergeschriebenes Reglement mit allgemeiner Gültigkeit, keine „Richtlinien für das Ausbilden und Reiten von Westernpferden" offiziellen Gepräges, wie wir es in Deutschland für die herkömmlichen Reitbereiche kennen.
Ich habe versucht, einen Überblick über die gebräuchlichsten Methoden und Techniken und ihre Hintergründe zu geben.
Im übrigen habe ich meine persönliche Ausbildungs- und Trainingsmethodik dargelegt.
Das Ziel unserer „Westernpferde-Ausbildung" ist es, ein zuverlässiges, leichtrittiges und umgängliches Freizeitpferd zu haben.
Seine Einsatzbereiche sind das Reiten im Gelände sowie die Westernsportreiterei in den einzelnen Disziplinen.
Bevor ein Pferd nach Absolvierung der zuvor beschriebenen Grundausbildung als zuverlässig, gefestigt oder routiniert gelten kann, vergehen sicherlich noch viele Monate des ständigen Reitens.
In dieser Zeit benötigt es einen Reiter, welcher es immer wieder zu den korrekten Verhaltensweisen anhält.
Es ist ein Lebewesen mit Launen und Eigenarten, Lust- und Unlustgefühlen.
Nur korrekter, sorgfältiger Umgang mit einem jungen Pferd wird die antrainierten Verhaltensweisen festigen und mit der Zeit zur selbstverständlichen Gewohnheit werden lassen.
Die Verständigung zwischen Pferd und Reiter kann immer mehr verfeinert werden.

Das zu berücksichtigen und danach zu handeln ist Bestandteil guter ,,Western-Horsemanship''.

Zusammenfassend könnte man sagen, daß die Ausbildung bis zu diesem Zeitpunkt aus einem Pferd ein Reitpferd werden ließ.

Das Pferd als Flucht- und Herdentier hatte zunächst die denkbar ungeeignetsten Voraussetzungen für diesen Zweck, außer, daß es rein körperlich in der Lage war, das Gewicht eines Menschen zu tragen. Es war ungeduldig, unstet und ängstlich.

Angebunden zu sein beschränkte es in seinem Bewegungsdrang, machte die Flucht, wichtigste Voraussetzung zum Überleben, unmöglich. Der Sattel oder gar ein fremdes Lebewesen auf seinem Rücken vermittelte ihm instinktiv das Gefühl des Raubtierangriffes. Ursprünglich wurden alle seine Bewegungen nur von Lust- und Unlustgefühlen bestimmt, dauerhaft gleichmäßige Bewegungsabläufe waren ihm fremd.

Es lernte, ohne die Geborgenheit der Herde und die von ihr ausgehende Sicherheit zu leben und zu handeln.

Es lernte, daß nicht mehr die eigenen Interessen Richtung und Tempo bestimmten, sondern der Mensch jeden seiner Schritte dirigierte.

Jahrhundertealte Erfahrungen, von Generation zu Generation überliefert, ließen diese Form der Reitpferdeausbildung wachsen.

Die Menschen, welche sie praktizierten, lebten und arbeiteten mit Pferden und nutzten diese beinahe ausschließlich als Reittiere. Nicht persönlicher Ehrgeiz, Profilierungssucht und kommerzielle Interessen bestimmten ihr Denken und Handeln, sondern das Bestreben, ein Gebrauchsreitpferd auszubilden, welches ihnen ihre harte und gefährliche Aufgabe erleichterte und lange Jahre zur Verfügung stand. Ein Reitpferd, daß zum Partner bei der Arbeit wurde.

Alle Maßnahmen zur Ausbildung dieser Pferde orientierten sich an den natürlichen Fähigkeiten und Voraussetzungen der Pferde und zielten auf das Gleichgewicht von Respekt und Vertrauen ab.

Diese Reitertradition, die Tradition der Hirten- und Gebrauchsreiterei, steht hinter den fundamentalen Methoden der Westernpferdeausbildung, Western-Horsemanship genannt.

Umstellung auf die einhändige Zügelführung (Neckreining)

Die bisher geschilderten Ausbildungsverfahren zielten darauf ab, das Pferd mit allgemeinen Grundanforderungen vertraut zu machen, wie sie ein Gebrauchsreitpferd erbringen sollte. Soweit das die Einwirkung mit den Zügeln betraf, so wurde entweder im „Snaffle-Bit" oder in der „Hackamore" beidhändige Zügelführung praktiziert.

Diese Form der Zügelführung war für die Grundausbildung unerläßlich.

- Je nach beabsichtigtem zukünftigen Verwendungsbereich wird nun ein entsprechendes, weiterführendes Training notwendig. In diesem Ausbildungsabschnitt lernt das Pferd, alle notwendigen Zügelsignale aus der einhändigen Zügelführung, im „Neckreining" zu erhalten.

In diesem Buch möchte ich mich nur mit dem grundsätzlichen Umstellungsprozeß (zur einhändigen Zügelführung) für die Verwendung als Western-, Freizeit- und Geländereitpferd befassen.

Für die einzelnen Sportreitdisziplinen des Westernreitens mit ihren speziellen Leistungsanforderungen ist ein wesentlich umfangreicheres Trainingsprogramm zur Umstellung in das korrekte „Neckreining" notwendig.

Dieser Themenbereich wird im „Handbuch Westernreiten, Band II" intensiv behandelt werden. Die Umstellung auf die einhändige Zügelführung kann als ein „fließender" Übergangsprozeß verstanden werden. Auch während das ausgebildete Pferd in der einhändigen Zügelführung geritten wird, kann immer wieder mal die beidhändige Zügelführung notwendig werden, um Fehlverhaltensweisen zu korrigieren. In diesem Falle sollte man auf die dem Pferd von der Grundausbildung her bekannte Zäumung zurückgreifen.

Ich möchte nun im einzelnen auf die Verfahrensweise zur Umstellung in die verschiedenen Westernstangen mit Hebelwirkung eingehen.

Es stehen hier zur Wahl:

- das „Snaffle-Bit with Shanks"
- das „Curb-Bit" mit leichter, mittlerer oder hoher Zungenfreiheit
- das „Grazer-Bit"
- die kalifornischen Gebisse:
- das „Half-Breed"
- das „Salinas"
- das „Spade-Bit"

Von dem Versuch, ein Pferd in das „Spade-Bit" umzustellen, rate ich ab!
Vorbedingung für eine sinnvolle Umstellung in dieses Gebiß ist eine absolut korrekte Hackamore-Ausbildung mit dem Resultat, daß das Pferd alle Wendungen, Stops sowie fliegende Galoppwechsel und saubere Zirkel in korrekter Stellung, Banlance und Bewegungstechnik in der Hackamore, am losen Zügel nur auf die Ausführungssignale reagierend, beherrscht.
Die Umstellung erfordert große Sachkenntnis im Umgang mit den kalifornischen Zäumungen und setzt ein ausgeprägtes Einfühlungsvermögen und viel Routine seitens des Reiters voraus.
Nur die wirklich *fehlerlose* Handhabung mach das „Spade-Bit" zu einem pferdegerechten Gebiß, in allen anderen Fällen wird diese Zäumung zur Tortur für das Pferd. Bei der Handhabung des Spade-Bits muß sorgfältig darauf geachtet werden, daß beide Zügel immer gleichmäßig Druck haben. Niemals sollte auf einem Zügel mehr Druck als auf dem anderen sein. Das hätte ein Verkanten des Gebißstückes mit schmerzhafter Einwirkung unter den Gaumen zur Folge.

Auch die Verwendung des „Grazer-Bits" empfehle ich nicht. Auf den ersten Blick erscheint es sicherlich als ein mildes Stangengebiß. Als solches wird es oft empfohlen.
Es hat eine relativ milde Hebelwirkung, bedingt durch die nach hinten gewinkelten, kurzen Anzüge. Auch hat es eine sehr flache Zungenfreiheit.
Betrachtet man die praktische Gebißwirkung jedoch sehr sachlich, so kann man zu dem Schluß kommen, daß dieses Gebiß einige nachteilige Aspekte bezüglich der Einwirkung aufweist.
Da es sehr leicht ist und in der Regel mit leichten, dünnen „Split-Reins" benutzt wird, ist es für das Pferd nicht fühlbar, solange kein direkter Zügelkontakt vorhanden ist. Das fördert die Tendenz beim Pferd, mit nach vorn weggestreckter Nase und festen, unflexiblen Nacken- und Halsmuskeln zu gehen. Eine Gebißeinwirkung über das Annehmen der Zügel trifft das Pferd unvorbereitet. Es kann dem plötzlich auf Zunge und Unterkiefer wirkenden Druck nicht nachgeben, da seine Hals- und Nackenmuskeln unflexibel sind. Der plötzliche Druckschmerz bei wenig gefühlvoll wirkender Reiterhand wird eine Verspannung und Verkrampfung dieser Muskeln fördern.
Die flache Zungenfreiheit wird eine vermehrt auf die Zunge wirkende Gebißfunktion fördern. Kopfschlagen oder verwerfen im Hals werden häufige Abwehr- und Schutzreaktionen sein.

Da dieses Gebiß im Gegensatz zu den „loose-jaws"-Bits oder dem „Snaffle-with-Shanks" starr ist, wird ungleicher Zügeldruck ein sofortiges Verkanten im Maul zur Folge haben.
Ein Grazer-Bit hat meiner Ansicht nach den übrigen, gebräuchlichen Western-Bits gegenüber einige Nachteile, aber keinen Vorteil, außer, daß das Pferd mit dem Gebiß im Maul ohne Schwierigkeiten grasen kann.
Das „Half-Breed-Bit" ist heute wenig populär.
Durch sein gerades Gebißstück wirkt es vermehrt auf die Zunge, wenn es mit Zügeldruck versehen wird. Es hat somit die Tendenz, ein Pferd zu nachgiebig im Hals zu machen. Man nennt das auch „überzäumen" oder „überflexen". Mit diesem Verhalten aber gehen der Zügelkontakt und die korrekte Wirkungsweise der Zäumung verloren. Die Verwendung eines „Half-Breed-Bits" ist also nicht unbedingt anzuraten. Die verbleibenden „Salinas-Bits", „Curb-Bits" sowie „Snaffle-Bit with Shanks" halte ich für empfehlenswert.
Gleich, welche Zäumung auch verwendet wird, man sollte sich dabei vor einer falschen Auslegung des Begriffs „Neckreining" hüten. Bedeutende amerikanische Westernpferdetrainer sind der Ansicht, diesem Begriff werde zuviel Bedeutung beigemessen.
Dem kann ich nur uneingeschränkt beipflichten.
Nur das Zusammenspiel aller reiterlichen Hilfen: Schenkel-, Zügel- und Gewichtshilfen, in richtiger Form auf der Basis einer fundamentalen Grundausbildung, auf den jeweiligen Verwendungszweck abgestimmt, schafft eine korrekte Verständigungsgrundlage zwischen Pferd und Reiter. In diesem Kommunikationssystem kommt in der Westernreiterei dem an den Hals angelegten Zügel (Neckrein) auch eine gewisse Signalfunktion zu.
Das hier klar zum Ausdruck zu bringen, liegt mir ganz besonders am Herzen, um der weit verbreiteten Meinung entgegenzuwirken, ein Westernpferd werde ausschließlich über das „Neckreining" gelenkt.
Als wichtigster Grundsatz für die Umstellung in die einhändige Zügelführung sollte deshalb gelten:
Das Pferd *muß* auch in der einhändigen Zügelführung immer in die Bewegungsrichtung gestellt sein, um korrekte Bewegungsmechanismen, Balance und Kontrolle zu gewährleisten!
Reagiert ein Pferd nicht in der gewünschten Weise auf das *Anlegen* des äußeren Zügels an den Hals, so kann auch ein *Spannen* dieses Zügels *über* den Hals das angestrebte Verhalten nicht erzwingen.

Vermehrter Druck auf den äußeren Zügel führt dazu, daß das Gebiß im Pferdemaul verkantet.

Gewöhnung an das Bit

Die verfälschte Gebißeinwirkung zwingt das Pferd in fehlerhafte Positionen oder zu Schutz- und Abwehrhandlungen.
Der erste praktische Trainingsabschnitt in der Umstellungsphase sollte das Gewöhnen des Pferdes an das neue Gebiß sein.
Je nach Gebißtyp wird diese Gewöhnungszeit unterschiedlich lang ausfallen.
Die Umstellung von der Wassertrense auf ein neues Gebiß wird in jedem Falle einfacher vonstatten gehen als ein Übergang von der Hackamore.
Wählt man das „Snaffle-with-Shanks" als nächste Zäumung nach der Wassertrense, so ergibt sich für das Pferd bezüglich des Gebißteiles kaum ein neues Gefühl im Maul.
Nur der in die Kinngrube einwirkende Kinnriemen ist neu. Praktiziert der Reiter eine Doppelzügelführung und führt die im Trensenteil eingeschnallten Zügel etwas kürzer, so kommt kaum Hebelwirkung zustande.
Die Zügelhände werden eng beieinander geführt und graduell läßt man in den einzelnen Grundübungen die Stangenzügel etwas mehr mitwirken.
Ein einfühlsamer Reiter wird so bald auf die Trensenzügel verzichten können und zur einhändigen Zügelführung übergehen. Nur im Bedarfsfalle wird die zweite Hand zu Hilfe genommen. Alsbald wird man weitestgehend auf diese Maßnahme verzichten können, und das Pferd ist einhändig zu reiten.
Der Übergang von der Wassertrense auf ein Curb-Bit ist schwieriger und nicht ohne weiteres zu empfehlen.
Dem Pferd wird das starre Mundstück und der sofort wirkende Hebeleffekt auf den Unterkiefer neu sein. Eine Zügelführung in beiden Händen ist zu vermeiden und nur dann zu akzeptieren, wenn ein Verkanten des Gebisses auszuschließen ist.
Die gleiche Problematik ergibt sich, wenn auf ein Half-Breed-Bit oder Salinas-Bit umgestellt werden soll.
Hier könnte man in den Etappen Wassertrense, Snaffle-with-Shanks und dann Curb-Bit (Half-Breed, Salinas) vorgehen.
Ist eine Zäumung mit einem dieser Gebisse angestrebt, so ist zu empfehlen, die Umstellung auf dem Wege Hackamore, Hackamore-Bit (Doppelzäumung), Bit vorzunehmen.

Voraussetzung ist, daß das Pferd in der Hackamore-Zäumung bei sehr enger beidhändiger Zügelführung alle notwendigen Bewegungsabläufe problemlos ausführt.
Es wird nun mit einem sehr leichten Bosal gezäumt, anschließend gibt man ihm das Gebiß ins Maul.
Man kann nun die „Mecate" so am Sattel befestigen, daß das Pferd daran gehindert wird, mit dem Maul den Boden zu berühren oder den Hals zu weit vor- oder abzustrecken, sich ansonsten aber frei bewegen kann. In dieser Weise „ausgebunden", überläßt man es für eine Weile im Breaking-Pen oder ähnlichem sich selbst. Es kann sich so an das Gefühl gewöhnen, ein Gebiß im Maul zu tragen.
Diese Maßnahme sollte so oft wiederholt werden, bis das Pferd das Gebiß ohne Zeichen der Ablehnung duldet, es annimmt.
Nun fixiert man mit Bändern, welche am Sattel befestigt werden, daß Gebiß so, daß ein wenig Druck auf den Unterkiefer entsteht. Das Pferd soll so lernen, daß es dem Gebißdruck durch „beizäumen" (das Nachgeben im Genick und Herannehmen der Nase) entgehen kann. Dabei sollte es nicht in eine Kopfposition mit senkrechter oder dahinterliegender Nasenlinie gezwungen werden, sondern es sollte ihm eine möglichst komfortable, natürliche Haltung ermöglicht werden.
Diesen Vorgang wiederholt man täglich.
Man beginnt mit einer halbstündigen Ausbindephase und steigert diese graduell bis zu einer Stunde täglich.
Ich verwende als „Ausbindezügel" eine dehnungsfähige Gummikordel. Das Pferd wird niemals einem schmerzhaften Gebißdruck ausgesetzt sein. Es kann sich auch nicht auf das Gebiß „legen" oder „stützen". Sollte es das versuchen, so gibt die Gummikordel nach, steigert aber den Druck.
Dieses Verfahren hat sich bestens bewährt.
Nachdem das Pferd nun daß neue Gebiß annimmt und mit dessen Wirkung vertraut ist und gelernt hat, das Gebiß zu tragen und dem Druck willig nachzugeben, ist die Zeit gekommen, in der Doppelzäumung zu reiten.
Zu diesem Zweck hake ich die regulären „Romal-Reins" ins Gebiß ein.
Beide Zügelpaare werden nun in einer Hand geführt.
Zwischen „Mecate" und „Romal-Reins" sollte mindestens ein Finger geführt werden. Im Bildteil zeige ich verschiedene Formen der „Two Rein"-Handhabung auf.
Die Hackamore-Zügel sollten so verkürzt werden, daß eine Einwir-

kung aufs Gebiß, auch versehentlich, ausgeschlossen ist. Die Zügel sollten über dem Widerrist vor dem Sattelhorn geführt werden.
Soweit das Pferd sich einhändig kontrollieren läßt, bleibt man bei dieser Form der Zügelführung, im Bedarfsfall kann aber richtungweisend mit der freien Hand auf den direkten Stellungs-Bosal-Zügel eingewirkt werden. Bei dieser Form der Zügelhandhabung wird ein häufiger Wechsel der Zügelhand notwendig.
Reitet man rechts herum, werden die Zügel links geführt, reitet man links herum, ist es umgekehrt.
Mit der Zeit (Wochen) verkürzt man die Gebißzügel und wirkt gleichzeitig auf das Gebiß ein. Graduell kann man so die Hackamore-Einwirkung in den Hintergrund treten lassen, bis eine einhändige Zügelführung, jetzt ständig mit derselben Zügelhand, möglich ist.
Die Romal-Reins werden dabei so gehandhabt, daß der Stellungs- oder direkte Zügel immer um eine Nuance verkürzt eingesetzt wird, während gleichzeitig der indirekte Zügel an den Hals angelegt wird. Nur im Spade-Bit ist das Verkürzen des direkten Zügels unbedingt zu vermeiden, da es sonst zu einer Verfälschung der Gebißwirkung kommt.
In dieser Zäumung muß das Pferd so perfekt ausgebildet sein, daß es bei jeder Richtungsänderung, Seitenbewegung oder Wendung ausschließlich über Schenkel- und Gewichtshilfen sowie das Anlegen des Zügels an den Hals zu kontrollieren ist.

Schlußbemerkungen zum Pferdetraining

Die Ausbildung eines Pferdes kann nicht als ein Fertigungsprozeß verstanden werden, an dessen Ende ein fertiges Produkt steht.
Das Pferd als Lebewesen wird sich wandelnden Situationen immer wieder neu anpassen. Es wird erlernte Dinge nicht vergessen, im Positiven wie im Negativen, es wird aber erlernte Verhaltensweisen ändern, wenn aus *seiner* Sicht Gründe dafür vorhanden sind.
Ein Pferd ist also nie fertig ausgebildet. Es bedarf immer neuer Aufmerksamkeit und Einflußnahme von seiten des Reiters. Je weniger es einem Reiter bei der Ausbildung gelungen ist, Verständnis und Motivation für seine Forderungen im Pferd zu fixieren, je mehr er ein Pferd gezwungen hat, die notwendigen Dinge zu tun, desto unbeständiger ist ein momentanes Ausbildungsresultat.

Die Westernpferdeausbildung zielt über das Antrainieren bestimmter Bewegungsabläufe hinaus darauf ab, die Bereitschaft zur freudigen, zeitweilig eigenständigen Mitarbeit zu etablieren.
Sicherlich wird in der einen oder anderen Situation trotzdem einmal energisches Einwirken über die Hilfen notwendig werden. Hier sollten im wesentlichen die Schenkeleinwirkungen herangezogen werden.
Man sollte es grundsätzlich vermeiden, über die Zäumung nachdrücklich einzuwirken oder gar zu zwingen.
Werden Zwangsmaßnahmen mit dem Gebiß, die immer sehr schmerzhaft sind, notwendig, so ist das entweder ein Beweis für mangelnde grundsätzliche Ausbildung des Pferdes oder reiterliche Unfähigkeit.
Das heutige Westernreiten ging aus der Gebrauchs- und Arbeitsreiterei der amerikanischen Rinderhirten hervor.
Sie waren von ihren Pferden, deren Leistungsbereitschaft, Gehorsam und Einsatzfähigkeit abhängig.
Nicht selten entschieden diese Voraussetzungen des Pferdes über Leben und Tod.
Aus dieser engen Beziehung zwischen Pferd und Reiter ging ein besonderer Respekt, eine Wertschätzung dem Pferd gegenüber hervor.
Diese Grundeinstellung zum Pferd, verbunden mit dem tiefen Verständnis für seine Fähigkeiten und Möglichkeiten und die alte Ausbildungsmethodik faßt man in dem Begriff „Western-Horsemanship" zusammen.
Wer diese Form von Partnerschaft mit dem Pferd in der heutigen Freizeitreiterei praktizieren möchte, ist mit der „Westernreiterei" gut beraten.
Wer jedoch nur seine Jugendträume à la Karl May oder Wyatt Earp verwirklichen möchte oder die Zäumungen dieses Reitstils als Zwangsmittel für sein verdorbenes oder verrittenes Pferd mißbraucht, dem ist der Begriff „Western-Horsemanship" fremd, und er ist wohl kaum ein Westernreiter, selbst wenn er sich noch so originalgetreu *„verkleidet"*.
Auch wer dem sportlichen Bereich dieses Reitstils zustrebt, sollte daran denken, daß ehrliches „Westernreiten" ohne „Western-Horsemanship" nicht denkbar ist.

Die Turnierdisziplinen

Das Westernfreizeitpferd wird auch in sportlichen Wettkämpfen geritten.
Solche Westernreitwettbewerbe werden entweder von den einzelnen Westernpferderassen-Verbänden für ihre Mitglieder veranstaltet oder aber von Westernreitverbänden. Zum derzeitigen Stand, 1986, existieren hier in der Bundesrepublik Pferderassenverbände mit Westernreitwettbewerben die Deutsche ,,Quarter-Horse Assoziation'', Deutscher Paint-Horse Club und das Deutsche Appaloosa Pferdestammbuch. Als Westernreiterverband richtet die ,,Erste Westernreiter Union'' in Deutschland Westernreitwettbewerbe aus. Die einzelnen Vereinigungen haben eigene Wettbewerbsregeln. Man kann aber sagen, daß diese Regeln, bis auf einige rassespezifischen Aspekte, einander angeglichen sind.
Die üblichen sportlichen Reitwettbewerbe sind:
Trailklasse
Western Pleasure
Western Horsemanship
Western Riding
Reining
Working Cowhorse
Cutting

Als Renndisziplinen kennt man:

Quarter Mile Race
Barrel Race
Pole Bending
Darüber hinaus gibt es die unterschiedlichsten Formen von Reiterspielen.
Zunächst möchte ich mich mit den Reitwettbewerben befassen. Dort sind Disziplinen mit Rinderarbeit und solche ohne Rinder zu unterscheiden.
Working Cowhorse und Cutting sind solche Rinderklassen.

Cutting:

Eine Herde von ca. 15 bis 30 Rindern befindet sich in der Arena. Der Reiter hat die Aufgabe, sein Pferd behutsam und ruhig in die Herde zu reiten, ohne daß diese unruhig wird oder gar auseinanderläuft. Aus der Herde muß er ein einzelnes Rind aussuchen, es vorsichtig aus der Herde aussondern und möglichst zur Mitte der Arena bringen.
Das Rind wird nun, dem Herdentrieb folgend, versuchen zu dieser zurückzulaufen. Das Pferd muß ohne Hilfengebung durch den Reiter dem Rind jeweils durch schnelle Wendemanöver und Sprints den Weg zur Herde abschneiden. Dazu muß es dem Rind seine ganze Aufmerksamkeit schenken.
Es darf aber nicht zum Rind drängen oder es gar jagen, sondern soll immer parallel mit gleichem Abstand die Bewegungen des Rindes synchron mitgehen.
Nachdem das Pferd seine Fähigkeiten zur Genüge bewiesen hat, kann es der Reiter vom Rind fortführen und weitere Rinder einzeln aussondern. Insgesamt stehen ihm drei Minuten zur Verfügung. Vier Reiter sollen ihm assistieren, diese Aufgabe zu erfüllen. Zwei ,,Corner-Man'', welche die Herde seitlich kontrollieren, und zwei ,,Turn-Back-Man'', welche das ausgesonderte Rind daran hindern, in die Weite der Arena zu entfliehen.

Working Cowhorse

Diese Prüfung besteht aus zwei Teilen,
dem ,,Dry-Work''
und dem ,,Fence-Work''.
Das Dry-Work ist eine Reiningaufgabe. Hier muß der Reiter eine vorher festgelegte Aufgabe reiten, die die Bewegungsmanöver eines Rinderpferdes beinhaltet.
Diese Aufgabe muß in Zirkeln verschiedener Größe und in unterschiedlichem Galopptempo, mit Sliding-Stops, Roll-Backs und Spins geritten werden.
Der Reiter muß die vorgegebene Aufgabe (Pattern) mit größtmöglicher Perfektion ausführen.
Das Fence-Work beinhaltet die Arbeit am Rind.
Die Aufgabe wird danach bewertet, ob der Reiter in jedem Abschnitt das Rind kontrolliert.

Der Reiter begibt sich in die Mitte der Arena. Ein einzelnes Rind wird in die Arena gelassen.
Der Reiter muß nun das Rind, welches vor ihm zu fliehen versucht, an der kurzen Seite der Arena halten. Dazu muß er dem Rind jeweils den Weg abschneiden, bevor es zur langen Seite gelangt. Das Pferd soll hier ,,Cow-Sense" unter Beweis stellen, das heißt, es soll auf jede Bewegung des Rindes sofort selbständig reagieren.
Nachdem dieser Teil, das ,,Boxing", zur Zufriedenheit des Reiters ausgeführt wurde, läßt er das Rind an einer langen Seite weglaufen. Er muß nun seitlich versetzt dem Rind am Zaun folgen. Das Rind darf nicht seitlich vor seinem Pferd zur Mitte der Arena ausbrechen. Vor der Ecke der Arena muß das Rind um 180° gewendet werden und am Zaun zurückgetrieben werden.
Wiederum vor Erreichen der Ecke soll eine erneute 180°-Wendung des Rindes eingeleitet werden. Zwei dieser Wendungen sind mindestens am Zaun zu absolvieren. Dieser Teil wird ,,Working down the Fence" genannt. Zum Abschluß der Fencework muß das Rind nun zu jeder Seite komplett um 360° auf einen Zirkel getrieben werden. Das Pferd soll dabei das Rind auf Höhe der Schulter im Kreise kontrollieren. Dieser Teil heißt ,,Circling" oder ,,Winding".

Reining

Die Reiningprüfung
In der Reiningprüfung hat das Pferd die verschiedenen Bewegungsmanöver eines Rinderpferdes unter Beweis zu stellen.
Sie setzt sich aus Galopp-Zirkeln unterschiedlicher Größe und unterschiedlichem Tempo zusammen, aus Sliding-Stops, Spins, Roll-Backs und fliegenden Galoppwechseln.
Jeder Teilnehmer muß die Prüfung einzeln und allein vorführen. Die Reihenfolge der einzelnen Elemente und die Form der Ausführung sowie die Anordnung in der Arena sind vorgegeben. Jede Bewegung des Pferdes soll kontrolliert ausgeführt werden. Das Pferd soll sich willig und ohne Widerstand durch die Aufgabe führen lassen. Jede Form von Widerstand wird negativ bewertet. Jede Bewegung außerhalb der Kontrolle des Reiters wird als dessen Fehler gewertet. Jede Unreinheit in der Ausführung der Aufgabe (Pattern) wird als Fehler gewertet. Pluspunkte werden für eine weiche, schöne, schnelle, saubere Vorführung gegeben. Die verschiedenen Manö-

ver müssen in kontrollierter Geschwindigkeit durchritten sein. Ein Pferd, welches die *Pattern* verläßt, wird disqualifiziert. Verlassen der Pattern heißt: nicht Vollenden der Aufgabe, nicht korrekte Reihenfolge der verschiedenen Pattern, zusätzliche bzw. zu wenig Manöver, zu wenige oder zu viele Spins, d. h. 1/4 Drehung zuviel oder zuwenig oder bei Sturz.
Es gibt, je nach Altersklassen des Pferdes, unterschiedliche Reining-Aufgaben. Jüngere Pferde können beidhändig, ältere müssen einhändig geritten und vorgestellt werden.

Western Riding

Diese Prüfung setzt sich aus den drei Grundgangarten, dem Öffnen und Schließen eines Tores zu Pferde und dem Überschreiten eines Bodenhindernisses zusammen. Die Aufgabenführung ist so angelegt, daß dem Pferd fliegende Galoppwechsel abverlangt werden. Je nach Abmessung der Aufgabenführung, Galoppwechsel bis zu jedem vierten oder dritten Galoppsprung.
Die Prüfung wird nach der Qualität der Gangart und der fliegenden Galoppwechsel sowie der Aufmerksamkeit, dem Charakter und der Mitarbeitsbereitschaft des Pferdes gewertet.

Western Pleasure

Diese Klasse wird nach Belieben des Richters auf die Darbietung und das Exterieur des Pferdes gewertet. Die Pferde werden im Schritt, Trab und Galopp vorgestellt. Western Pleasure ist eine Gruppenprüfung, d. h., alle Teilnehmer bewegen sich nach Anordnung des Richters gemeinsam in der Arena.
Die Pferde sollen in den Gangarten ruhiges, gleichmäßiges Tempo am losen Zügel gehen und ohne stärkere Hilfengebung des Reiters vorgestellt werden. Das Pferd soll in natürlicher Selbsthaltung ruhig und federnd, dabei taktrein und nicht schleppend gehen. Der Richter ordnet die drei Grundgangarten, einfache Richtungsänderungen und Rückwärtsrichten an. Je nach Altersklasse der Pferde wird beidhändig oder einhändig geritten.

Western-Horsemanship

Diese Prüfung ist eine Reiterprüfung, bei der Sitz und Verhalten des Reiters bewertet werden.
Sie setzt sich aus zwei Teilen zusammen, einer Einzelaufgabe und der Gruppenaufgabe.
Die Einzelaufgabe wird vom Richter vor der Prüfung bekanntgegeben. Sie setzt sich aus verschiedenen Elementen der üblichen Westernmanöver oder Bewegungsabläufe zusammen.
Nach der Einzelaufgabe reiten alle Teilnehmer der Prüfung eine Western-Pleasure-Klasse, wobei nun die Reiter und nicht die Pferde vom Richter bewertet werden.

Trail Klasse

Die Trailprüfung ist die Zuverlässigkeits- und Geschicklichkeitsprüfung eines Geländepferdes. Aus dem täglichen Alltag des Ranchpferdes abgeleitete Situationen, Brücken, Tore, Wassergräben, Bodenhindernisse usw. müssen flüssig, ohne Scheu und sicher bewältigt werden; anstoßen, umwerfen, verharren, tänzeln usw. werden als Fehlerpunkte gewertet. Aufmerksamkeit gegenüber den reiterlichen Hilfen, feine Hilfengebung, aufmerksame Mitarbeit des Pferdes, guter Stil werden positiv gewertet. Die Reihenfolge der Hindernisse sowie die Gangarten zwischen ihnen sind festgelegt, vor-, rück- u. seitwärts an den Hindernissen vorbei oder hindurch ist möglich. Je nach Alter des Pferdes wird beidhändig oder einhändig geritten.
Hin und wieder werden anläßlich der Western-Turniere auch Renndisziplinen veranstaltet, das heißt, es geht dabei um die kürzeste Zeit bei der Bewältigung der Aufgabe.

Das „Quarter-Mile-Race"
ist ein Flachrennen über eine Viertelmeile.

Das „Pole-Bending" ist ein Rennen im Slalom um sechs Stangen, welche im Abstand von ca. 6 m aufgestellt sind.

Das „Barrel-Race"
ist ein Rennen um drei in Dreiecksanordnung aufgestellte Tonnen.

Diese kurze Beschreibung der Turnierdisziplinen soll nur einen allgemeinen Überblick geben. Im Band zwei des „Handbuchs für das Western Reiten" werde ich dann sehr intensiv die sinnvolle Ausbildung des Turnierpferdes sowie die Vorstellungen in den einzelnen Disziplinen beschreiben.

Turnierprüfungen.

Die Siegerehrung, angestrebtes Ziel eines jungen Turnierreiters.

Register

Alphatier
Ranghöchstes Tier, Führungsposition.

Aussacken/Auslappen
Eine Trainingsphase, in der ein Pferd daran gewöhnt wird, sich ohne Furcht oder Widerstand überall am Körper berühren zu lassen.

Back
Kommando für ,,Rückwärts".

Barrel-Race
Nach Zeit gemessenes Rennen um Tonnen.

Betatier
Rangniedriges Tier in der Herde.

Bit-Guard
Lederschutz, in den das Trensenmundstück eingeschnallt wird.

Bosal
Aus Rohhaut oder Leder geflochtenes Nasenband.

Bowline-Knoten
In Deutschland ,,Palstek" genannt.

Boxing
Bestandteil der ,,Working-Cowhorse"-Prüfung. Der Reiter verhindert das Ausbrechen des flüchtenden Rindes und kontrolliert seine Bewegungen an der kurzen Seite der Arena.

Breaking
Ausbildungsphase in der Grundausbildung des Pferdes.

Bridle/Bridle-Bit
Kopfstück der Pferdezäumung, auch: Stangenzäumung.

Bronco
Domestiziertes Wildpferd (Mustang).

Canter
Gesetzter, ruhiger Galopp.

Cheek-Piece
Eine Bezeichnung für das bewegliche Seitenteil eines Westernstangengebisses.

Chileno-Bit
Stangengebiß, dessen Hebelwirkung durch einen um den Unterkiefer reichenden Ring übertragen wird.

Circling
Arbeiten (reiten) des Pferdes auf einem Kreisbogen (Zirkel).
Beim Cow-Work: kontrollieren des Rindes durch treiben auf ei-

nen spiralförmig kleiner werdenden Zirkel.
Auch: „Winding up".

Corner Man
Reiter, welcher zum Team des Cutters gehört.
Er hat die Aufgabe, die Herde seitlich zu begrenzen und zu „halten".
Auch: „Herd-Holder".

Corrall
Fest eingezäunter Bereich für Rinder- oder Pferdehaltung.

Cowhorse
Für die Rinderarbeit ausgebildetes Pferd.

Cow-Sense
Neigung des Pferdes, ein Rind selbständig zu beobachten und auf seine Bewegungen zu reagieren.
Sollte Voraussetzung sein, wenn ein Pferd für „Cutting" ausgebildet wird.

Cricket
Röllchen, häufig aus Kupfer, am Westernstangengebiß.
Auch: „Roller".

Curb-Bit
Westernstangengebiß.

Curb-Strap
Kinnriemen am Westernstangengebiß.

Custom Made
In Handarbeit nach den Vorstellungen des Kunden angefertigt.

Cutter
Reiter, welcher ein Rind aus einer Herde aussondert.

Cutting
Das Westernpferd sondert ein einzelnes Rind aus einer Herde aus und schneidet den Weg zurück zur Herde ab.

Doubling
Einwirkung auf das Pferd bei der Grundausbildung, um unkontrolliertes Davonstürmen zu verhindern.

Dry-Work
Reiningaufgabe eines Cowhorse.

Fence-Work
Bestandteil der „Working-Cowhorse"-Prüfung. Kontrollieren eines flüchtenden Rindes durch den Reiter am Zaun.

Fiadore
„Kehlriemen-Aufhängung" bei der Hackamore-Zäumung.

Flexen
Nachgiebigkeit des Pferdes im Genick gegenüber dem Druck im Maul oder auf die Nase, welcher durch die Zäumung ausgeübt wird.

Fork
Vorderzwiesel beim Westernsattel.

Gaucho
Südamerikanischer Rinderhirte.

Hackamore
Gebißlose Ausbildungszäumung.

Heelknot
Verdicktes Bosalende, das zur Balance des Bosals beiträgt.

Highport-Bit
Modifizierte „Zungenfreiheit" oder Aufbau am Mundstück eines Stangengebisses.

Hobbling
Beifesselung des Pferdes zur Erziehung zum Stillstehen.

Jaquima
Spanische Bezeichnung für die gebißlose Ausbildungszäumung der kalifornischen Vaqueros.

Kalifornio
Nach Kalifornien ausgewanderter Spanier.

Karpalgelenk
Vorderfußwurzelgelenk beim Pferd.

Kodelunterlage
Sattelunterlage aus synthetischem Fließ.

Latigo-Leder
Durch ein spezielles Gerbverfahren erzeugtes, widerstandsfähiges Leder.
Latigo: Bezeichung für den linksseitigen Gurtungsriemen zum Festzurren des Westernsattels.

Loose-Jaws-Bit
Westernstangengebiß mit losen Seitenteilen (Anzügen).

Lope
Galopp

Mecate
Ca. 7 m langes Seil aus gedrehtem Mähnen- oder Schweifhaar des Pferdes. Wird zur Zügelschlaufe mit Führseil bei der Hackamore-Zäumung verknotet.

Mechanische-Hackamore
Gebißlose Zäumung, die durch mechanische Hebelwirkung Druck auf den Nasenbereich des Pferdes ausübt. Nicht zu verwechseln mit der „Bosal-Hackamore-Zäumung.

Neckreining
Vielseitig interpretierter Begriff für die einhändige Zügelführung im Bereich des Westernreitens.

Paddock
Kleiner, fest eingezäunter Platz zur Unterbringung von Pferden oder Rindern.

Palstek
Spezieller Knoten, mit dem eine

Schlaufe in ein Seil produziert wird, welche sich nicht zuzieht.

Pattern
Vorgegebene (aufgezeichnete) Aufgabe einer Western-Turnierprüfung.

Pelham
Gebiß, welches die Möglichkeit bietet, vier Zügel einzuschnallen. Es kann so als direkt oder über Hebelwirkung wirkendes Gebiß benutzt werden.

Pole-Bending
Slalom-Pferdrennen um Stangen.

Pull and Slack
Fundamentalelement in der Zügelhandhabung bei der Westernausbildung eines Pferdes.

Quater-Mile-Race
Pferderennen über eine 1/4-Meile.

Quirt
Flexible Reitpeitsche, häufig aus geflochtenem Leder, mit einem Riemchen am Handgelenk zu tragen.

Ralide
Kunststoff, der bei der Herstellung preisgünstiger Sattelbäume Verwendung findet.

Ranchero
Bezeichnung aus dem spanischen Sprachgebrauch für einen amerikanischen Landbesitzer, auf dessen Flächen Fleischrinder gehalten werden.

Rawhide-Tree
Sattelbaum aus Holz, der in Handarbeit in Rohhaut eingenäht wird.

Reata
Aus Rohhaut geflochtenes Wurfseil der Vaqueros.

Reining
Westernpferde-Reitprüfung.

Rigging
Gurtungssystem des Westernsattels.

Roll-Back
Zusammenhängendes Bewegungsmanöver des Westernpferdes.
Es kommt dazu aus der Bewegung zum Halt, wirft sich mit den Hinterbeinen unter dem Körperschwerpunkt stützend um 180° herum und bewegt sich entgegen der ursprünglichen Bewegungsrichtung davon.

Roller
S. Cricket.

Romal-Reins
Zügel der kalifornischen Zäumung, bestehend aus durchgehenden Zügeln mit peitschenartiger Verlängerung.

Round-Pen
Runder Pferch.

Roping
Das Einfangen eines Rindes mit dem Wurfseil zu Pferde.

Round up
Das „Absammeln" oder zusammentreiben der Rinder auf einer Ranch.

Semi-Quarter-Tree
Sattelbaum mit bestimmten Abmessungen (mittlerer Schulterfreiheit).

Set-and-Turn
Trainingselement in der Grundausbildung eines Westernpferdes.

Side-Bars
Seitliche Anzüge eines Westernstangengebisses.

Sliding-Stop
Rutschender Stop, Bewegungsmanöver eines Reiningpferdes.

Snaffle-Bit
Wassertrense.

Snaffel with Shanks
Pelham-Gebiß.

Spade-Bit
Gebiß mit Aufbauten am Mundstück.
Wurde von den kalifornischen Vaqueros benutzt.

Sperrhalfter
Kopfzeug, welches verhindern soll, daß sich ein Pferd durch Aufsperren des Maules der Gebißeinwirkung entzieht.

Spin
360°-Drehung auf der Hinterhand.

Split-Reins
Geteilte Zügel.

Tie-Down
Hilfszäumung, welche verhindern soll, daß ein Pferd den Kopf hochreißt.

Trachtensattel
Sattel mit beidseitig längs der Wirbelsäule des Pferdes verlaufenden Auflageflächen zur optimalen, gleichmäßigen Gewichtsverteilung des Reitergewichts.

Trail
Turnierdisziplin mit verschiedenen Hindernissen.

Tucking
S. flexen.

Two-Reins
Doppelzäumung. Kombination aus Hackamore und Stangenzäumung.

Vaquero
Spanische Bezeichnung für einen berittenen Rinderhirten.

Vorderzeug
Brustgeschirr, welches verhindern soll, daß ein Sattel auf dem Pferdrücken nach hinten rutscht.

War-Bridle
In verschiedenen Windungen um den Pferdekopf gelegtes Seil. Wirkt durch punktuell schmerzhaften Druck auf sensbile Bereiche des Pferdekopfes, wenn das Führseil angespannt wird. Dient der Disziplinierung eines Pferdes.

Winding
Siehe ,,Cirkling''.

Whoa
Kommando für ,,Halt''.

Working-Cowhorse
Turnierdisziplin mit Rinderarbeit oder auch ,,Rinderpferd''.